औपन्यासिक भाषा और संवेदना के विविध सन्दर्भ

डा. अमरेन्द्र कुमार श्रीवास्तव

पूज्य पिता जी को समर्पित

क्रम-सूची

प्रस्तावना

हिन्दी को नए चाल में ढले लगभग 170 वर्ष बीत गए ,और इस समय में हिन्दी भाषा और साहित्य ने अभूतपूर्व विकास यात्रा तय कर ली है । भाव ,भाषा, शिल्प और संवेदन सभी स्तरों पर हिन्दी भाषा और साहित्य ने समाज के साथ सामंजस्य स्थापित करते हुए समाज के अनुरूप अपनी गति को बनाये रखा है। आधुनिक काल के साथ-ही विविध गद्य रूपों का विकास हुआ । इन गद्य रूपों में उपन्यास साहित्य के माध्यम से समाज के व्यापक यथार्थ को प्रस्तुत करने का विशेष प्रयास देखने को मिलता है । भाषा और संवेदना दोनों स्तरों पर हिन्दी उपन्यास साहित्य में वैविध्य देखने को मिलता है । परीक्षागुरू (1884) को अधिकांश आलोचकों द्वारा हिन्दी का पहला उपन्यास माना जाता है ,तब से लेकर अब तक की विकास यात्रा में हिन्दी उपन्यास सामाजिक यथार्थ के विविध रूपों को अभिव्यक्त कर रहा है । अपनी विकास यात्रा में भाषा और उसकी विविध भंगिमाओं का प्रयोग कर हिन्दी के कथाकारों ने हिन्दी उपन्यास को नित्य-नवीनता प्रदान किया है ।

हिन्दी उपन्यास साहित्य में जीवन-जगत का व्यापक चित्रण देखने को मिलता है। किस्सागोई की जिस परम्परा का आरम्भ लाला श्रीनिवासदास ने किया था, उसे आगे बढ़ने की दिशा में बाद के कथाकारों का विशेष योगदान है।प्रेमचंद ने अपने कथा साहित्य के माध्यम से हिन्दी कथा साहित्य को सामान्य वर्णानात्मक स्तर से ऊपर उठाया और उसे लोगों के बीच में प्रतिष्ठित किया । इसी कारण प्रेमचंद को उपन्यास सम्राट भी कहा जाता है । प्रेमचंद की परम्परा को भाषा और भावों के स्तर पर समृद्ध की दिशा जैनेन्द्र ,अज्ञेय ,रेणु ,अमृत लाल नागर, भगवती चरण वर्मा ,हजारी प्रसाद दिवेद्वी ,यशपाल ,श्री लाल शुक्ल , मनोहर श्याम जोशी आदि कथाकारों ने किया । भावों और भाषा की दृष्टि से हिन्दी उपन्यासों में नयापन लाने में जैनेन्द्र और अज्ञेय का विशेष महत्व है । जैनेन्द्र ने भाषा को नये ढंग से गलाने और ढालने का काम किया । औपन्यासिक भाषा और भाव की भंगिमा में प्रयोग की जिस परम्परा का आरम्भ जैनेन्द्र ने किया उसका क्रमिक विकास अज्ञेय और मनोहर श्याम जोशी के उपन्यासों में हम देख सकते हैं । जैनेन्द्र के पात्र समाज की विसंगतियों के शिकार हैं ,लेकिन वो समाज को तोड़ना नहीं चाहते ,जबकि अज्ञेय के पत्रों में यह विसंगति विरोध में परिवर्तित होती है और मनोहर श्याम जोशी तक आते-आते यह स्थिति अस्वीकार की हो जाती है । इन सभी स्थितियों का अंकन हिन्दी उपन्यास को नए संवेदन से सम्पृक्त करते हैं । भाषा और संवेदन के अंकन की दृष्टि से हिन्दी के प्रमुख उपन्यासों का अंकन इस पुस्तक के माध्यम से किया गया है ,जिसमें त्यागपत्र , शेखर:एक जीवनी, बाणभट्ट की आत्मकथा , मैला आंचल , रागदरबारी ,आधा गाँव , कसप , काशी का अस्सी और पथरीला सोना पर गंभीर विवेचन कर यह देखा गया है कि हिन्दी उपन्यास के संवेदन और औपन्यासिक भाषा के निर्माण में इन उपन्यासों का क्या महत्व है ।

हिन्दी उपन्यासों के इतिहास में इस सभी उपन्यासों का विशेष महत्व इसलिए भी है कि इनके द्वारा सामाजिक सरोकारों को एक विस्तृत फलक पर उकरने की दिशा में नए प्रयोग किये गए हैं । इन प्रयोगों से हिन्दी उपन्यास साहित्य में भाषिक और संवेदनात्मक स्तर पर जो बदलाव आये हैं उनका विवेचन इस पुस्तक में किया गया है । इस अध्ययन में हिन्दी के कुछ ही उपन्यासों का विवेचन कर पाना मेरी व्यक्तिगत सीमा है इस पुस्तक के अगले भाग में इस सीमा को दूर कर औपन्यासिक भाषा एवं संवेदना का समग्र अध्ययन प्रस्तुत करने का प्रयास होगा ,यद्यपि समग्र होना अत्यंत दुरूह है फिर भी यह प्रयास रहेगा ।

और अंत में मैं अपने सभी मित्रों ,सहयोगियों और परिवार के सदस्यों को आभार कहूँगा जिनके बिना यह कृति लिखना संभव ना था -डॉ. अमरेन्द्र कुमार श्रीवास्तव

Date-29/09/2021

1

भाषा भंगिमा के प्रयोक्ता: जैनेन्द्र

साहित्य, भाषा और समाज का अत्यन्त घनिष्ट संबंध रहा है समाज के चितवृत्ति के परिवर्तन का प्रभाव साहित्य और उसकी भाषा पर भी पड़ता है। यह प्रभाव साहित्यिक विधाओं का रूप परिवर्तन भी तय करता है। हमारी वैदिक - पौराणिक परम्परा में जहां संवादों, महाकाव्यों का महत्व रहा है। वहीं आज साहित्य का रूप बहुत बदल चुका है। आख्यायिका परम्परा का साहित्य आज निबन्ध, कहानी, कविता, उपन्यास आदि जैसी अनेक विधाओं में परिवर्तित हो चुका है यह परिवर्तन सामाजिक चितवृत्ति में होने वाले परिवर्तन के कारण ही होता रहा है। समाज की भावदशा एवं मनोदशा में परिवर्तन के साथ-साथ भाषा का रूप भी परिवर्तित होता रहता है।

साहित्य, भाषा और समाज के इन्हीं संबंधों के परिणाम स्वरूप भाषा भी अपनी यात्रा तय करती है अपने आरम्भिक रूप से लेकर अब तक हिन्दी भाषा, के रूप में अनेक परिवर्तन हुए हैं। यह परिवर्तन काव्य भाषा एवं गद्य भाषा के रूप में प्रतिष्ठा के साथ-साथ सूक्ष्म भावात्मक अभिव्यक्ति की भाषा के रूप में भी दृष्टिगत होती है। गद्य भाषा के रूप में सर्वाधिक वैविध्यपूर्ण रूप औपन्यासिक भाषा का है। औपन्यासिक भाषा में काव्यभाषा, की भावुकता, निबन्ध भाषा की सी विचारात्मकता, जीवनी का माधुर्य, नाट्य भाषा की प्रत्युत्पन्नता के साथ-साथ चित्रात्मकता एवं देशकाल और परिवेष का चित्रण भी दृष्टिगत होता है।

हिन्दी की वर्तमान औपन्यासिक परम्परा का आरम्भ 'परीक्षागुरू' उपन्यास से माना जाता है। परीक्षागुरू उपन्यास भी भाषा सामान्य वर्णनात्मक स्तर की है। हिन्दी औपन्यासिक परम्परा में कथा सम्राट प्रेमचन्द्र का विषेष स्थान है। प्रेमचन्द्र ने सामान्य जन की भाषा को अपने उपन्यासों के फलक पर उभारने का कार्य किया। प्रेमचन्द्र के ही समकालीन कथाकारों में जैनेन्द्र मनोविश्लेषणवादी कथाकार हैं। जिसका प्रभाव उनकी भाषा पर दृष्टिगत होता है। जैनेन्द्र ने औपन्यासिक भाषा को भाषा के वर्णनात्मक स्तर से ऊपर

उठाया। 'जैनेन्द्र' हिन्दी के एक ऐसे कथाकार के रूप में जाने जाते हैं, जिनकी भाषा में कविता, निबंध, नाटक एवं आत्मकथात्मक तीनों शैलियों का प्रयोग देखा जा सकता है।

जैनेन्द्र के औपन्यासिक भाषा की तरलता का मुख्य कारण उनके उपन्यासों की विषय-वस्तु है। जैनेन्द्र ने अपने उपन्यासों के लिए प्रेमचन्दी से अलग किस्म के पात्रों और विषय-वस्तु का चयन किया। जैनेन्द्र मानव मन के मनोभाव की पड़ताल करते हैं और अन्तर्मन के आलोड़न-विलोड़न का गहन स्तर पर बड़ी ही सहजता से अभिव्यक्त करते हैं। जैनेन्द्र द्वारा रचित प्रमुख कृतियां है- परख, वातायन, एकरात, नीलम देष की राजकन्या, सुनीता, त्यागपत्र, मुक्तिबोध, सुखदा, कल्याणी, जयवर्धन, दर्षाक, जैनेन्द्र, की समग्र कहानियाॅ, स्मृति पर्व, सोच-विचार, परिप्रेक्ष्य, अकाल पुरूष गांधी, प्रेमचन्द्र एक कृति व्यक्तित्व, साहित्य - संस्कृति, साहित्य और परम्पराए, गाँधी और हमारा समय तथा संस्कृति इत्यादि।

जैनेन्द्र ने हिन्दी साहित्य को बहुविध समृद्ध किया। लेकिन मूलतः जैनेन्द्र कथाकार के रूप में जाने जाते हैं। उनके द्वारा रचित 'त्याग पत्र उपन्यास भाव एवं भाषा दोना दृष्टियों से विषिष्ट है। 'त्यागपत्र' उपन्यास एक न्यायधीश की मनोदशा का चित्र है। उपन्यास की आरम्भिक पंक्तियाॅ हैं-

'नहीं भाई, पाप-पुण्य की समीक्षा मुझसे न होगी। जज हूं, कानून की तराजू की मर्यादा जानता हूँ। पर उस तराजू की जरूरत को भी जानता हूँ। इसलिए कहता हूं की जिनके ऊपर राई-रत्ती नाप-जोखकर पापी की पापी कहकर व्यवस्था देने का दायित्व है, वे अपनी जानें! मेरे बस का वह काम नहीं है।[1]

उपरोक्त पंक्तियों में एक जज ही न्याय व्यवस्था एवं समाज व्यवस्ता पर प्रष्न चिन्ह खड़ा करता है, यह अन्तः मन की व्यथा है। यह एक ऐसी पीड़ा है जो हमारे अन्तःकरण को बहुत गहरे तक प्रभावित करता है। जस्टिस एम0 दयाल की वेदना वर्तमान भौतिकतावादी समय की संवेदना है। आज हम जिस समय, व्यस्था और समाज में जी रहे हैं, उस समय मे यह अत्यन्त प्रासंगिक हो जाता है कि हम उस मर्यादा को समझें जो समाज के अन्तिम व्यक्ति तक न्याय पहुंचाने में समर्थ हो। जैनेन्द्र ने उपरोक्त पंक्तियों में लिखा है कि 'राई-रत्ती नाप जोखकर पापी कहकर' व्यवस्था देने का दायित्व है, वे अपनी जानें।[2]

ये भाषा के सवेदन एवं उदाक्तता का उत्कर्ष है। इन पंक्तियों सामान्य शब्दों का प्रयोग करते हुए कथाकार ने गहन भावबोध को प्रस्तुत किया है। शब्दों एवं उनकी भंगिमा का ऐसा प्रयोग हिन्दी कथा साहित्य में पहली बार देखने को मिला। शब्दों की भंगिमा से भावों के सम्प्रेषण में जैनेन्द्र ने बखूबी किया है। जैनेन्द्र ने लिखा है -

'हम लोगों का असली घर पछ्ऑह की ओर था। पिता प्रतिष्ठा वाले थे और माता अत्यन्त कुशल गृहणी थीं। जैसी कुशल थीं, वैसी कोमल भी होती तो? पर नहीं, उस 'तो-? के मुंह में नहीं बढ़ना होगा।'[3]

कहते -कहते शब्दों को मुह में रोक लेना, और बिना कुछ कहे सब कुछ अभिव्यक्त कर देना जैनेन्द्र के भाषा की विषिष्टता है। शब्दों का भाव सम्प्रेषण के लिए अधिकतम प्रयोग

में लाना जैनेन्द्र की विषेषता है। कम से कम शब्दों में सूक्ष्म से सूक्ष्म मनोभाव अभिव्यक्त करने की कला में जैनेन्द्र माहिर हैं। रूप सौन्दर्य का वर्णन भी जैनेन्द्र अत्यन्त सजगता से करते हैं- 'बुआ का तब का रूप सोचता हूं, तो दंग रह जाता हूँ। ऐसा रूप कब किसको विधाता देता है। जब देता है, तब कदाचित उसकी कीमत भी वसूल कर लेने की मन ही मन नीयत उसकी रहती हैं पिताजी तो बुआ की मोहिनी मूरत पर रीझ-रीझ जाते थे।[4]

सौन्दर्य पर रीझना रूप राशि की उत्कृष्टता द्योतक है। मृणाल के सौंदर्य की उत्कृष्टता का वर्णन करते हुए जैनेन्द्र ने शब्दों की मितव्ययिता का सर्वोत्तम उदाहरण प्रस्तुत किया है। औपन्यासिक शषा में ऐसा प्रयोग हिन्दी कथा साहित्य की भाषा में जैनेन्द्र ने आरम्भ किया। जैनेन्द्र की भाषा रूप वर्णन करते हुए चित्रात्मकता का एहसास कराती है। मृणाल के ही रूप का अन्यत्र वर्णन द्रष्टव्य है-

'थी बुआ ही, लेकिन उनका यह क्या रूप था? देह दुबली थी। मुख पीला था। गर्भवती थीं। एक धोती में अपनी सब देह ढॉके बैठी थीं। मुख पर क्या लाज की छाया आ छायी थी।[5]

पहले मृणाल के जिस रूप का वर्णन जैनेन्द्र ने किया वह रूप वर्णन और बाद में जिस रूप का चित्रण कथाकार ने किया है दोनों की भाव दषा में व्यापक अन्तर दृष्टिगत होता है। एक वर्णन मन में आहलादकारी भाव संचारित करता है, तो दूसर चित्रण मन की वेदना एवं करूणा भाव से भर देता है।

जैनेन्द्र मूलतः सूक्ष्म मनोभावों के कथाकार हैं। पीड़ा, वेदना एवं करूणा जैसे मनोभव उनके कथावस्तु के अभिन्न अंग हैं। भाषा भावों की अनुगामनी की तरह उनके उपन्यासों में प्रवाहमान होती रही है। त्यागपत्र उपन्यास की भाषा एवं संरचना भावानुरूप परिवर्तित होती चलती है। शब्दों के अधिकम अर्थों का दोहन एवं भंगिमा का प्रयोग कैसे करना है इसे कथाकार बखूबी जानता है।

त्यागपत्र उपन्यास भावों एवं सामाजिक संबंधों के ताने-बाने के गहन बुनावट एवं बनावट पर एक तल्ख टिप्पणी के रूप में जाना जा सकता है। आज भौतिकता के प्रचण्ड प्रवाह के बीच प्रमोद के मन की पीड़ा एवं वेदना एक ऐसे व्यक्ति की तड़प के रूप में जानी जा सकती है, जो चाहकर भी उपने लोगों के लिए कुछ करने में सक्षम नहीं है, समाज की व्यवस्था से ही हमारे जीवन मूल्य प्रकारान्तर से निर्धारित होते रहे हैं। इन्हीं मूल्यों के परिपालन में व्यक्ति की अनेकानेक मनः स्थितियॉ आती जाती रहतीं हैं। और हम चाहकर समाज के मूल्यों से परे जाकर आचरण नही कर पाते है। इस बिडम्बना को जैनेन्द्र ने मृणाल के माध्यम से अभिव्यक्त किया है-

तुम परवाह न करो भाई, तो चल सकता है, लेकिन मैं तो ऐसा नहीं कर सकती कि परवाह न करूं। मै समाज को तो तोड़ना फोड़ना नहीं चाहतीं हूं। समाज टूटा कि फिर हम किसके भीतर बनेगें? या कि किसके भीतर बिगड़ेंगे? इसलिए में इतना ही कर सकती हूँ कि समाज से अलग होकर उसकी मंगलकांक्षा में खद ही टूटती रहूं।[6]

स्माज और व्यक्ति का द्वन्द उपरोक्त पंक्तियों में स्पष्ट दृष्टिगत होता है। जैनेन्द्र के भाषा की यह विषेषता है कि वह भाव एवं परिवेष के अनुसार शब्दों को ऐसे पिरोते हैं कि भाषा अपने पूरे सामर्थ्य के साथ भावों मे गहनतर स्तर से मुखर कर देती है-

आज वे बातें मुझे याद आती है और निष्चय हो गया है कि सचमुच जो शास्त्र में नहीं मिलता, वह ज्ञान आत्मव्यथा में मिल जाता है, नहीं तो इतने गम्भीर जीवन-तथ्य को इस स्वाभविकता के वष में करने और व्यक्त करने के बुआ के अधिकार का और भेद क्या हो सकता है।[7]

मनवीय संबंधों के साथ-साथ जैनेन्द्र ने भौतिकता एवं आध्यात्मिकता दोनों स्थितियों का चित्रण किया है। हम अपने जीवन का अधिकांष समय भौतिक सुख साधनों को एकत्र करने में व्यतीत कर देते हैं, लेकिन जब हम अपने जीवन का प्रत्यावलोकन करते हैं तो तमाम भौतिक सुख-साधन मिथ्या प्रतीत होते हैं-

''मै अपनी व्यर्थ प्रतिष्ठा के ढूह पर बैठा हूं, वह कृत्रिम है, क्षणिक है। हृदय वहाँ कहाँ है? यज्ञ वहाँ कहाँ है? लेकिन वह सब-कुछ मुझे ऊँचा उठाये हुए है? नामी वकील रहा, अब जज हूं। लोगों को जेल-फाँसी देता हूँ, समाज में माननीय हूं। इस सबके समाधान में चलो, यही कहो कि यह कर्मफल है। लेकिन सच पूछो तो मेरा जी जानता है कि कैसे कर्मों का फल है। कामयाब वकालत और इस जजी के इतने मोटो शरीर में क्या राई जितनी भी आत्मा है? मुझे सन्देह होता है।[8]

उपरोक्त पंक्तियों जैनेन्द्र ने आत्मबोध का चित्रण किया है। भौतिक सुख साधन हमें सुख दे रहे हैं लेकिन आत्मिक खुषी से हमें निरन्तर दूर करते जा रहे हैं। एक नामी जज या वकील होने के बाद भी आत्मा के होने पर सन्देह होना हमारी आध्यात्मिक जीवन दृष्टि का परिचायक है। समाज और समाज की मान्यता एक ओर है एवं आत्मबोध और आत्मा को जीवन्त रखना बड़ी बात है। लेखक की यह मान्यता है कि हम आत्मा को खोकर हम चाहे कुछ ही हासिल कर लें, वह हमारी आत्मिक खुशी के लिए प्रीतिकर नहीं होगा-

"पर क्यों? मैं यह नहीं जानता कि यह सब अपने को ठगना है। समाज के ऊपर चढ़-बैठकर मैं उसे दबा सकता हूँ, वह यह कि मैं अपने को समाज की जड़ों में खीच दूँ। अज्ञात रहकर सच्च बनूं, झूठा बनकर नामवर होने में क्या धरा है? ओह, वैसी नामवरी निष्फल है, व्यर्थ है, निरी रेत है। आत्मा को खोकर साम्राज्य पाया तो क्या पाया? वह रत्न को गंवाकर धूल का ढेर पाने से भी कमतर है"।[9]

जैनेन्द्र मनोविषलेषणवादी कथाकार हैं, मानव मन के भीतर गहरे उतरकर मानव मन की परत-दर-परत खोलकर कथा फलक पर उभारते हैं। भाव और भाषा का अदभूत सामंजस्य आपकी विषेषता है। 'आत्मा को खोकर साम्राज्य पाना धूल पाने के समान है। यह वाक्य गहन आत्मविष्लेषणात्मक वाक्य है। समूचे जीवन के सार को जैनेन्द्र ने अभिव्यक्त किया है।

भारतीय सनातन परम्परा में संवेदना को विषेष महत्व दिया गया है। आषय है कि दूसरे या अपने किसी अभिन्न की पीड़ा या वेदना को देखकर या जानकर उसके कष्ट के समान ही अनुभूति करना ही संवेदना है। आज भौतिक सुख-साधनों के वषीभूत होने के कारण हमारी संवेदनषीलता गहरे स्तर तक प्रभावित हुई है। मानव जीवन की गति अत्यन्त तीव्र एवं तीव्रतर होती जा रही है। यह गति अंधी दौड़ में परिवर्तित हो गयी है। आखिरकार इस सन्दर्भ में जैनेन्द्र चिन्तन करते हैं-

"पूछता हूं, मानव के जीवन की गति क्या अन्धी है? वह अप्रतिरोध्य है। पर अन्धी है, यह तो मैं नहीं मानूंगा। मानव चलता जाता है और बूंद-बूंद दर्द इकट्ठा होकर उसके भीतर भरता जाता है वही सार है। वही जमा हुआ दर्द मानव की मानस मणि है, उसके प्रकाष में मानवव का गतिपथ उज्जवल होगा। नहीं तो चारों ओर गहन वन हैं। किसी और मार्ग सूझता नहीं है, और मानव अपनी क्षुधा-तृष्णा, राग-द्वेश, मान-मोह में भटकता फिरता है। यहाँ जाता है, वहाँ जाता है। पर असल में वह कहीं भी नहीं जाता। एक ही जगह पर अपने ही जुए में बँधा कोल्हू के बैल की तरह चक्कर मारता रहता है।"[10]

उपरोक्त पंक्तियों में कथाकार ने अपने जीवन का सार प्रस्तुत किया है। दर्द मानव मानस की मणि है, उसी से हम जीवन पथ पर आगे बढ़ते हैं। भारतीय जीवन दर्न में पीड़ा, वेदना, करूणा, दुःख और दर्द को विषेष महत्व दिया गया है। जैनेन्द्र ने अपनी भाषा में शब्दों के माध्यम से हमारे जीवन की विडम्बना को प्रस्तुत किया है। जीवन की तीव्र गति हमें कहाँ ले जा रही है? इस पर बहुत ही गहनता से विचार किया है।

आज के समय में भौतिकता के गहन अंधकार में हम आकण्ठ डूबते जा रहे हैं। यह सत्य इस युग का ही नही प्रकारान्तर से चला आ रहा है। भौतिकता हमें आकर्षित करती है लुभाती है औ आध्यात्मिकता हमारे चित्र को शान्त और व्यक्तित्व को उदाक्त बनाती है। विवेच्य उपन्यास में जैनेन्द्र ने भौतिक सुख-सुविधाओं से परिपूर्ण जीवन व्यतीत कर रहे प्रमोद के मन में होने वाले आलोड़न-विलोड़न को बखूबी कथा के फलक पर उभारा है।

मानव जीवन के गहनतर स्तरों पर उतरकर विश्लेषण करते हुए अथाह सागर के उपमान से जीवन को अपमित करते है। मन में उठने वाली लहरों के सागर के समान ही हैं-

"उस सागर की लहरों का अन्त कहाँ है। कूल कहाँ है? पार कहाँ है? कहीं पार नहीं है, कहीं किनारा नहीं है। ऑंखां को ठहराने के लिए कोई सहारा नहीं है। क्षितिज का छोर है, जहाँ आसमान समुद्र से आ मिला है"।

वहाँ नीला अंधियारा दीखता है, पर छोर वहाँ भी नहीं है। छोर वहाँ हमारी अपनी दृष्टि का है, अन्यथा वहाँ भी वैसी ही अकूत विस्तीर्णता है।[11]

हमारी दृष्टि की अपनी सीमा है, वह उतना ही देख सकती है, जितना उसका सामर्थ्य है। जहाँ हमें यह दीखता प्रतीत होता है कि आसमान और समुद्र एक दूसरे से मिल रहें हैं, वह हमारे नेत्रों की सीगा है। यह सीमा हमारे ज्ञान एवं संवेदना की भी है

जैनेन्द्र भाव, भाषा एवं शिल्प के कुशल प्रयोक्ता हैं। त्यागपत्र उपन्यास उनकी बेजोड़ उपलब्धि । विचारों का संगुम्फन, शब्दों की बनावट एवं बनावट के कुशल कारीगर हैं। अपने उपन्यासों के माध्यम से जैनेन्द्र जी ने औपन्यासिक भाषा को प्रौढ़ता प्रदान की। भाषा एवं शब्दों से ही नही उनकी भंगिमा से भी भाव सम्प्रेषण में भी जैनेन्द्र सिद्धहस्त हैं। 'त्यागपत्र' उपन्यास की भाषा के माध्यम से जैनेन्द्र ने भौतिकता एवं आध्यात्मिकता के अन्तर्द्वन्द को बहुत ही सहज रूप में सम्प्रेषित किया है।

संन्दर्भ-

1. त्यागपत्र - पृष्ठ 07, भारतीय ज्ञानपीठ, 2015

2. त्यागपत्र - पृष्ठ 07

3. त्यागपत्र - पृष्ठ 07

4. त्याग पत्र - पृष्ठ 8

5. त्यागपत्र पृष्ठ 46

6. त्यागपत्र पृष्ठ 64

7. त्यागपत्र पृष्ठ 65

8. त्यागपत्र पृष्ठ 40-41

9. त्यागपत्र पृष्ठ 41

10. त्यागपत्र पृष्ठ 42

11. त्यागपत्र पृष्ठ 78।

संन्दर्भ ग्रन्थ -

1. त्यागपत्र - जैनेन्द्र कुमार

2. हिन्दी साहित्य एवं संवेदना का विकासः रामस्वरूप चतुर्वेदी

3. हिन्दी उपन्यास का इतिहासः गोपाल राय

4. आधुनिक हिन्दी साहित्य का इतिहासः बच्चन सिंह

5. हिन्दी गद्य विन्यास और विकासः रामस्वरूप चतुर्वेदी

2

दार्शनिक एवं मनोवैज्ञानिक भावों का आख्यान-शेखरः एक जीवनी

हिन्दी कथा साहित्य के इतिहास में जीवन जगत के बाह्य यथार्थ के साथ-साथ मानव मन के अन्तर्जगत के आलोड़न-बिलोड़न को चित्रित करने की प्रक्रिया का आरम्भ जैनेन्द्र ने किया। सामाजिक घटनाओं और परिस्थितियों का प्रभाव हमारे जीवन के साथ ही हमारे मन पर भी पड़ता है। मानव मन की विविध स्थितियों का गहन पड़ताल और उसको साहित्यिक फलक पर उभारने की दृष्टि से हिन्दी के मनोवैज्ञानिक उपन्यासों का विशेष महत्व है। मनोवैज्ञानिक तत्व तो हिन्दी के अधिकांश उपन्यासों में मौजूद है; लेकिन समग्रता मे पात्रों के मन की गहन पड़ताल और उसे औपन्यासिक कथावस्तु के रूप में प्रस्तुत करने की परम्परा का निर्वहन मनोवैज्ञानिक उपन्यासों में देखने को मिलता है। मनुष्य के अन्तर्जगत को चित्रित करने की परम्परा का आरम्भ जैनेन्द्र ने किया और उस परम्परा को आगे ले जाने का कार्य अज्ञेय ने किया।

सच्चिदानन्द हीरानन्द वात्सायन 'अज्ञेय' हिन्दी साहित्य के विरले एवं विशिष्ट रचनाकार हैं। कवि, कथाकार, निबंधकार एव पत्रकार के रूप में आपका योगदान सराहनीय है। 1943 में तारसप्तक का प्रकाशन कर हिन्दी कविता के क्षेत्र में प्रयोगवाद का प्रवर्तन किया। अज्ञेय की सबसे बड़ी विशेषता यह है कि उनका व्यक्तित्व एवं कृतित्व नवाचार के प्रति हमेशा उन्मुख रहा है। भाव, भाषा, भंगिमा संबंधी नये प्रयोग उनकी रचनाओं में देखने को मिलती है। कविता के क्षेत्र में प्रयोगवाद का प्रवर्तन कर अज्ञेय ने हिन्दी कविता को नयी दिशा देने का ऐतिहासिक कार्य किया, और साथ ही साथ मनोवैज्ञानिक उपन्यासों के क्षेत्र में नये-नये प्रयोगों द्वारा भाव एवं भाषा को नीवनता प्रदान किया।

भाव, भाषा और शिल्प के क्षेत्र में नयें प्रयोगों द्वारा अज्ञेय ने साहित्य में नये प्रतिमान स्थापित किये। प्रयोगवाद के प्रवर्तन द्वारा 'अज्ञेय' ने कविता के क्षेत्र में बिम्ब, प्रतीक और

भाषा को नवीनता प्रदान किया अज्ञेय भाषा के सजग प्रयोक्ता हैं। हिन्दी उपन्यास साहित्य में 'अज्ञेय' के उपन्यास अपने आप में प्रतिमान है। शेखरः एक जीवनी से आरम्भ होने वाली रचना यात्रा अपने- अपने अजनबी पर समाप्त होती है। 'अज्ञेय' के सभी उपन्यास भाव और भाषा की दृष्टि से एक-दूसरे के पूरक है। शेखरः एक जीवनी दो खण्डों में रचित उपन्यास है। इसके पश्चात् नदी के द्वीप का प्रकाशन हुआ, जिसे हम शेखरः एक जीवनी के अगले भाग के रूप में जान सकते हैं। मानव मन की पीड़ा, वेदना एवं संवेदना के चित्र इन उपन्यासों में देखने को मिलते हैं। 'शेखरः एक जीवनी' की भूमिका में अज्ञेय ने वेदना के संबंध में लिखा है-''वेदना में एक शक्ति है, जो दृष्टि देती है। जो यातना में हैं, वह द्रष्टा हो सकता है।''

शेखरः एक जीवनी, जो मेरे दस वर्ष के परिश्रम का फल है, दस वर्षो में अभी कुछ देर है, लेकिन जीवनी भी तो अभी पूरी नही हुई। घनीभूत वेदनाको केवल एक रात में देखे हुए अपेपवद को शब्द-बद्ध करने का प्रयत्न है।[1]

'अज्ञेय' हिन्दी साहित्य के एक ऐसे साहित्यकार हैं, जिन्होंनें भाषा को साधने का कार्य किया। भाव और भाषा के स्तर पर अज्ञेय एक सफल प्रयोगक्ता, विचारक हैं। शब्दों का सर्वाधिक सर्जनात्मक एवं संभावनापूर्ण प्रयोग 'अज्ञेय' के पहले उपन्यास 'शेखरः एक जीवनी' में देखने को मिलता है। भाषा और शिल्प दोनों स्तरों पर नयेपन के कारण यह उपन्यास अपने आप में विशिष्ट है। अपनी पुस्तक 'सामाजिक यथार्थ और कथा भाषा' में कथा साहित्य की भाषा पर विचार करते हुए 'अज्ञेय' ने लिखा है कि - ''पूरा समाज जिस भाषा के साथ जीता है, उसमें और उसी के साथ जीते हुए अगर हम उस जीवन सन्दर्भ को पहचानते हैं और उस भाषा में रचना करते हैं तो हमारा समाज भी रचनाशील हो सकता है। ....भाषा हमारी शक्ति है, उसको हम पहचानें, यही रचनाशीलता का उत्स है, व्यक्ति के लिए भी और समाज के लिए भी।[2]

भाषा और समाज के जिन रचनात्मक संबंधो पर 'अज्ञेय' ने जो विचार किये है; उसका निर्वाह उनके कथा साहित्य में देखने को मिलता है। भाषा के स्तर पर जो प्रयोग जैनेन्द्र ने आरम्भ किये है, भाषा एवं शब्दें की भंगिमा और बुनावट के स्तर पर उसे आगे ले जाने का कार्य अज्ञेय ने बखूबी किया।

'शेखर : एक जीवनी' में शेखर के अन्तःमन एवं अन्तश्चेतना का अंकन अज्ञेय ने किया है। शेखर अपनी जीवनी लिखकर एक तरह से ऋणमुक्त होना चाहता है, क्योंकि जिस शशि को वह अपने समूचे अंतर्मन से प्यार करता था, उसकी इच्छा उसे एक लेखक के रूप में देखने की थी। शेखर का विकास एक विद्रोही के रूप में हुआ है। उसके अन्दर बैठी यह विद्रोह की प्रवृॉ ही उसे ब्रिटिश साम्राज्य के विरूद्ध संगठित आतंकवादी संगठन से जोड़ देती है। एक क्रान्तिकारी के रूप में अपने जीवन की सार्थकता के कारणों को तलाशता है, और अपने स्वातत्रंय की खोज करता हैं। समाज, व्यक्ति और अपने निजी जीवनानुभवों के बीच अपनी जीवन की स्थितियों पर चिन्तन करता है, और चिन्तन करते हुए पूर्व दीप्ति शैली में जीवन का प्रत्यावलोकन करता है-

"मै अपने जीवन का प्रत्यावलोकन कर रहा हूँ, अपने अतीत जीवन को दुबारा जी रहा हूँ। मैं जो सदा आगे ही देखता रहा, अपनी जीवन-यात्रा के अन्तिम पड़ाव पर पहुँचकर पीछे देख रहा हूँ कि मैं कहाँ से चलकर, किधर-किधर भूल-भटककर, कैसे-कैसे विचित्र अनुभव प्राप्त करके यहाँ तक आया हूँ। और तब दीखता है कि मेरी भटकन में भी एक प्रेरणा थी, जिसमें अन्तिम विजय का अंकुर था, मेरे अनुभव-वैचिन्न्य में भी एक प्रेरणा थी, जिसमें अन्तिम विजय का अंकुर था, मेरे अनुभव-वैचिन्न्य में भी एक विशेष रस की उपभोगेच्छा थी, जो मेरा निर्देश कर रही थी। और जीवन-यात्रा के पथ में जो पहाड़, तराइयाँ, नदी-नाले, झाड़-झंखाड़, आँधी-पानी आये उन सब में मेरे और केवल मेरे संबंध में एक ऐक्य था, जिसका ध्येय था किसी विशेष काल में, विशेष परिस्थिति में, विशेष स्थान पर, विशेष साधनों और उपायों से, मेरे जीवन का विशेष रूप से समापन, जिससे उसे अपनी सिद्धि, अपनी-अपनी सफलता और अपनी सम्पूर्णता प्राप्त हो जाये.....................अब मैं अधूरा हूँ..............पर मुझे कुछ भी न्यूवता नही है, अपूर्ण हूँ, पर मेरी सम्पूर्णता के लिए कुछ भी जोड़ने का स्थान नही है।[3]

उपरोक्त पंक्तियों में अज्ञेय ने पूर्वदीप्ति शैली का प्रयोग करते हुए शेखर के मानस में स्थित विविध मनोदशाओं का वर्णन किया है। शेखर के मनोजगत का चित्र प्रस्तुत करते हुए कथाकार मस्तिष्क में आने वाली विविध स्थितियों का अंकन किया है। शेखर के जीवन में अनेक उतार-चढ़ाव आये और उन्हें शब्दबद्ध करने का कार्य करते हुए अज्ञेय की भाषा कहीं-कहीं साहित्यिक तो कहीं-कहीं दार्शनिक हो गयी है। दार्शनिक ढंग से घटनाओं का विवेचन एवं साहित्यिकता अज्ञेय की भाषा की विशेषता है। दार्शनिकता के कारण ही शेखर कहता है- मेरी भटकन में भी प्रेरणा थी, जिसमें अन्तिम विजय का अंकुर था।

'शेखर : एक जीवनी' उपन्यास के माध्यम से अज्ञेय जिस कथावस्तु को प्रस्तुत कर रहे थे, उसके निमित्त मनोवैज्ञानिक एवं दार्शनिक भाषा की आवश्यकता देखने को मिलता है। अधूरा होने पर भी न्यूवता न होना, अपूर्ण होने पर भी पूर्णता के लिए कुछ शेष नहीं; यही भाव शेखर के दार्शनिक चिन्तन को द्योतित करता है। 'शेखरः एक जीवनी' में अज्ञेय ने वह जीवन दर्शन प्रस्तुत किया जो हमें जीवन-जगत की पीड़ा के बोध से नयी जीवन दृष्टि प्रदान करता है। शेखरः एक जीवनी के प्रथम भाग में चार खण्ड है, जिनके शीर्षक हैं- उषा और ईश्वर, बीज और अंकुर, प्रकृति और पुरुष, पुरुष और परिस्थिति। शेखरःएक जीवनी- के दूसरे भाग के खण्ड है- पुरुष और परिस्थिति, बन्धन और जिज्ञासा, शशि और शेखर, धागे-रस्सी, रस्सियाँ, गुन्झर।

शेखरः एक जीवनी के खण्डों के नाम से ही स्पष्ट है रचनाकार जीवन के विविध घटकों का विश्लेषण दार्शनिक दृष्टि से प्रस्तुत कर रहा है। दर्शन हमारे अन्तः एवं बाह्य जगत को गहनतर स्तर पर प्रभावित करता है। हृदयस्थ भावों का उद्दीन, आलम्बन और आश्रय सामाजिक प्रभावों के परिणाम स्वरूप ही उत्पन्न होते हैं। सामाजिक विद्रोह की स्थितियों पर विचार करते हुए अज्ञेय कहते हैं कि-

"मुझे विश्वास है कि विद्रोही बनते नहीं उत्पन्न होते हैं, विद्रोहबुद्धि, परिस्थितियों से संघर्ष की सामर्थ्य, जीवन की क्रियाओं से, परिस्थितियों के घात-प्रतिघात से, नही निर्मित होती। वह आत्मा का कृत्रिम परिवेष्टन नही है, उसका अभिन्नतम अंग है। मैं नही मानता कि दैव कुछ है, क्योंकि हममें कोई विवशता, कोई बाध्यता है तो वह बाहरी नहीं भीतरी है। यदि बाहरी होती, परकीय होती, तो हम उसे दैवीय कह सकते, पर वह तो भीतरी है, हमारी अपनी है, उसके पक्के होने के लिए भले ही बाहरी हों। उसे हम व्यक्तिगत नियति च्मतेवदंस क्मेदपजल कह सकते है।"[4]

उपरोक्त पंक्तियों में अज्ञेय ने मानवीय प्रतिक्रियाओं का दार्शनिक विवेचन किया है। परिस्थितियां का घात-प्रतिघात और जीवन स्थितियाँ ही बाह्य कारक है, लेकिन उसके प्रभाव की निमित में हमारी व्यक्तिगत नियति और आन्तरिक मनःस्थिति का विशेष महत्व है। अज्ञेय मानवमन के गहनतर स्तरों में उतरकर उसे कथा फलक पर उभारने की अद्भूत क्षमता से सम्पन्न कथाकार हैं। शेखर के क्रान्तिकारी व्यक्तित्व का प्रस्तुतीकरण शेखरः एक जीवनी में हुआ है। अज्ञेय उसके क्रान्तिकारी व्यक्तित्व के निर्मिति के कारकों को स्पष्ट करते हैं- "क्रान्तिकारी की बनावट में एक विराट, व्यापक प्रेम की सामर्थ्य तां आवश्यक है ही साथ ही उसमें एक और वस्तु नितांत आवश्यक, अनिवार्य है- घृण्णा की क्षमता; एक कभी न मरने वाली, जल डालने वाली, घोर मारक, किन्तु इतना सब होते हुए भी एक तटस्थ, साित्विक घृणा की क्षमता, यानी ऐसी घृणा जिसका अनुभव हम अपने सचेतन मस्तिष्क से करते हैं।[5]

उपरोक्त पंक्तियों में शेखर की मानसिकता के निर्मिति के कारकों का विश्लेषण करते हुए अज्ञेय ने सचेतन मनोजगत के महत्व को रेखांकित किया है। क्रान्तिकारी के लिए सात्विक घणा आवश्यक है। जो कभी न मरने वाली होते हुए तटस्थ हो। घृणा के सात्विकता पर विचार करने वाले अज्ञेय विरले कथाकार हैं। अपने उपन्यासों के माध्यम से अज्ञेय एक विचार परम्परा और दर्शन हमारे सम्मुख रखते हैं, इस प्रस्तुति में उनकी भाषा प्रांजल, गंभीर एवं विवेचन पूर्ण रूप् ग्रहण करती है। अज्ञेय दुःख और पीड़ा को विशेष स्थान देते हैं। दुःख को लेकर उनका विशेष दर्शन है, जिसे वह अपनी कविता के माध्यम से शब्दबद्ध करते हुए लिखते हैं कि-

दुःख सबको माँजता है
और
चाहे स्वयं सबको मुक्ति देना वह न जाने, किन्तु
जिनको माँजता है
उन्हें यह सीख देता है कि सबको मुक्त रखें।'

शेखर के व्यक्तित्व में दुःख और पीड़ा का बोध देखने को मिलता है। अज्ञेय की यह दृढ़ मान्यता है कि दुःख मुक्तिदाता है, और इसका उद्भव रहस्यपूर्ण ही होता है। दुःख, पीड़ा, घृणा, विद्रोह, प्रेम और समर्पण जैसे मनोभावों के साथ-साथ बल मनोविज्ञान का भी वर्णन

अज़ेय ने अपने इस उपन्यास में किया है। बालक शेखर बाग में जाता है, लेकिन जब वह जंगल और बाग दोनों की तुलना करता है तब उसे जंगल ज्यादा प्रीतिकर लगता है-

एक दिन वह संध्या-समय एक बाग में गया। उस समय वह मानो पक्षियों से भर रहा था, और वे सब अनियंत्रित वाणियों से अपने प्राणों का आह्लाद कर रहे थे- "कितना मधुर आह्लाद! बालक ने पूछा, "क्या यही जंगल है"...............उत्तर मिला "नहीं, यह बाग है।"

"जंगल क्या होते है?"

"वे भी ऐसे ही होते हैं, बहुत बड़े-बड़े बाग-से। पर जैसे इसमें पेड़ और फूल सजाकर लगाये हैं, ऐसे नहीं होते, अपने-आप उलटे-सीधे लगते है।[6]

जंगल के बारे में जानकर बालक शेखर का मन उस उन्मुक्त परिवेश के प्रति आकर्षित हो जाता है। वह सोचता है कितना उन्मुक्त होगा वह स्थान-जहाँ सब कुछ तो स्वतंत्र होगा ही, ये पौधे भी स्वच्छन्दता से उग-फूल-फल सकेंगें................और तब उसकी कल्पना के स्वर्ग को एक मूर्त आकार भी मिला, और एक नाम भी मिला-जंगल......।

बाग और जंगल के प्रतिमान से कथाकार ने स्वतंत्र और सामाजिकताओं से आबद्ध जीवन स्थितियों को प्रस्तुत किया है। शेखर अपने अनुभव से यह जान चुका है कि वह जिस नगर में रह रहा है, वह उसके लिए जंगल नहीं हो सकता है, और आज भी वह इस पिंजरे में बद्ध होकर वनों का ध्यान करता है, जहाँ........। वह अपनी तुलना तोते से करते हुए कहता है- "उस तोते की तरह, वह भी पंख नहीं फड़फड़ाता कि पिंजरे से चोट न लगें क्योंकि वह भी अनुभव सीख चुका है कि चोट लगती है। पर क्या आत्मा भी बद्ध है, क्या उसको भी चोट लग सकती है, क्या वह भी पंख नहीं फड़फड़ा सकती?"[7]

उपरोक्त पंक्तियों में अज़ेय बड़े ही सहज शब्दों में आत्मा और देह के बन्धन की स्थिति को स्पष्ट कर दिया है। अन्तिम पंक्ति में अज़ेय प्रश्न करते हैं कि क्या आत्मा बद्ध है, क्या उसे चोट लग सकती है। भाषा के माध्यम से गूढ़ मनोभावों और दार्शनिक विचारों को सहज ही हमारे सम्मुख प्रस्तुत कर दिया है। प्रकृति के घटकों को गहन अवलोकन और सूक्ष्म निरीक्षण शेखर के व्यक्तित्व का अभिन्न अंग रहा है। शेखर प्रकृति का सानिध्य पाकर एक विशेष भाव भूमि में अपने आप को पाता है। वह रहस्य, रोमांच अनुभव करता है, जिसे निम्नलिखित पंक्तियों में देख सकते हैं- "धीरे-धीरे उसके ऊपर एक सम्मोहन-सा छा गया, एक मूर्छा-सी, उसे लगा, उसके पास-उसके पास नहीं, उसके भीतर, उसके सब ओर, कुछ आया है, कुछ जिसका वह वर्णन नहीं कर सकता, लेकिन जो बहुत सुन्दर है, बहुत विशाल, बहुत पवित्र........इतना पवित्र कि शेखर को लगा, वह उसके स्पर्श के योग्य नहीं है, वह मैला है, मैल में आवृत है, छिपा हुआ है.................उसी सम्मोहन में उसने एक-एक करते अपने सब कपड़े उतार डाले, नीचे फेंक दिए, और आँखें मूँदकर खड़ा हो गया..................आकाश के समाने और उस पवित्र के, उस पवित्र से परिपूर्ण, उसके स्पर्श से रोमांचित.......

वह क्या था? ईश्वर? प्रकृति? सौन्दर्य? शैतान? दबी वासना? ईश्वर? उसे नहीं मालूम। पर उसने वह संग, वह कैवल्य, फिर कभी नहीं प्राप्त किया.....।[8]

भाव निसंग और अनुभूति अकथनीय होने पर भी अज्ञेय में भावों को सम्प्रेषित करने की अद्भूत क्षमता है। डल झील को देखते हुए जो अनुभूति शेखर को आजीवन फिर से नहीं प्राप्त होती है। जो अनुभूति उपरोक्त पंक्तियों में अज्ञेय ने प्रस्तुत किया है वह सब कुछ भुला देने वाली है। शेखरः एक जीवनी औपन्यासिक भाषा के स्तर पर मील का पत्थर बनने वाला उपन्यास है। इसके दोनों खण्डों में अज्ञेय ने मनोजगत के यथार्थ को प्रस्तुत करते हुए जीवन जगत के विविध दार्शनिक पक्षों को भी वर्णित किया है। कथावस्तु की व्यापकता संवेदन का नवाख्यान प्रस्तुत करते हुए नया शिल्प प्रयोग में लाते हैं ''शेखरः एक जीवनी' उपन्यास के ढाँचे में अज्ञेय की युक्ति है। जिसकी व्याख्या यथा स्थान कथाकार ने की है। उपन्यास के अन्त की ओर बढ़ते हुए शेखर/अज्ञेय ने स्पष्टीकरण भी दिया है-

किन्तु क्या मैं ऐसे ही आत्मकथा लिख रहा हूँ? क्या यह आत्मप्रकाशन है? क्या अब भी मेरा मर्म नहीं कहता कि जो मेरा है जो सारभूत है, जिसमें मैं सिक्त और अभिसिक्त हूँ, उसे छिपा लो। क्या अब भी मैं नहीं चाहता कि जो मात्र मेरे जीवन में महत्व का है और इसलिए ही रखूँ क्योंकि प्रकाशन तो विभाजन है; सम्पिर्ग का सहभाग हो सकता हैः पर अपने-आपका सहभाग मैं कैसे कर सकता हूँ..........फिर भी मैं आग्रहपूर्वक अपने को खोलता हूँ, क्योंकि यह आत्मकथन नहीं है, केवल स्वीकार है, साक्षी है, आत्म साक्षत्कार है।[9]

मूलतः शेखरः एक जीवनी' एक आत्मसाक्षात्कार है, जीवन, जगत, मनोजगत और उन सभी वास्तविकाओं का भी जिसे शेखर ने अपने जीवन में जीया और अनुभव किया है। शेखर के अनुभूतियों की व्यापकता उसके मनोजगत को हमारे समक्ष प्रस्तुत कर देती है। फाँसी, क्रांन्ति, प्रेम, आकर्षण और आत्मरति उसके व्यक्तित्व में अनुस्यूत हैं। शेखर अपने आप में प्रतीक है, जिसकी प्रतीति कहीं न कहीं सहज ही हमारे मन में भी होती है।

शेखर : एक जीवनी आत्मकथात्मक शैली में लिखित आख्यान है, जिसमें शेखर के मनोजगत का यथार्थ अज्ञेय ने बहुत ही गहन स्तरों पर उतरकर प्रस्तुत किया है। शेखरः एक जीवनी मनोवैज्ञानिक भाव जगत को प्रस्तुत करते हुए अज्ञेय भाषा के परम्परागत ढाँचे से परे जाकर प्रयोग किया है। मनोजगत का यथार्थ और दार्शनिक जीवन दृष्टि का समावेश इस उपन्यास को विशिष्ट बनाता है। भाषा और भाषा-भंगिमा के सफल प्रयोग की जो परम्परा जैनेन्द्र ने आरम्भ की थी, उसे आगे ले जाने का कार्य अज्ञेय ने किया। मनोवैज्ञानिक उपन्यासों में भाषा के बनावट और बुनावट का विशेष महत्व होता है, जिसका निर्वहन शेखरः एक जीवनी में देखने को मिलता है।

सन्दर्भ ग्रन्थ सूचीः-

1. शेखर : एक जीवनी भाग-1 : अज्ञेय, भूमिका-पृष्ठ 5

2. समाजिक यथार्थ और कथा भाषाः सं0- अज्ञेय, पृष्ठ 27

3. शेखर : एक जीवनी भाग-1 : अज्ञेय, पृष्ठ 15, 16

4. शेखर : एक जीवनी भाग-1 : अज्ञेय, पृष्ठ 27,28

5. शेखर : एक जीवनी भाग-1 : अज्ञेय, पृष्ठ 30

6. शेखर : एक जीवनी भाग-1 : अज्ञेय, पृष्ठ 62

7. शेखर : एक जीवनी भाग-1 : अज्ञेय, पृष्ठ 62,63

8. शेखर : एक जीवनी भाग-1 : अज्ञेय, पृष्ठ 103

9. शेखर : एक जीवनी : दूसरा भाग, अज्ञेय, पृष्ठ 205

सन्दर्भ ग्रन्थ सूचीः-

1. शेखर : एक जीवनी भाग- एक : अज्ञेय, सरस्वती प्रेस, बनारस

2. शेखर : एक जीवनी भाग -दो : अज्ञेय, सरस्वती प्रेस, बनारस

3. उपन्यास का पुनर्जन्मः परमानन्द श्रीवास्तव, वाणी प्रकाशन

4. हिन्दी उपन्यास का विकासः मधुरेश, सुमित प्रकाशन

5. हिन्दी उपन्यास का इतिहासः गोपाल राय

6. समाजिक यथार्थ और कथा भाषाः सं0- अज्ञेय

3

बाणभट्ट की आत्मकथा: भाषिक प्रयोग की नव्यता

प्राचीन भारतीय समाज एवं संस्कृति को आधुनिक युगानुरूप व्याख्ययित करने वालों में आचार्य हजारी प्रसाद द्विवेदी का योगदान अत्यंत महत्वपूर्ण है। आचार्य हजारी प्रसाद द्विवेदी ने हिन्दी साहित्य को बहुविध समृद्ध किया। निबन्ध, उपन्यास इतिहास लेखन, समीक्षात्मक लेखन के साथ-साथ हिन्दी भाषा को भी आपने समृद्ध किया। द्विवेदी जी भारतीय संस्कृति की विशाल परम्परा को अपने साहित्य के माध्यम से वर्तमान संन्दर्भों में प्रस्तुत कर भारतीय समाज को तेजोदीप्त करने का कार्य किया। भारतीय संस्कार, संस्कृति और सभ्यता की उदाक्तता सदियों से अपनी उदार रही है। इसी उदारता और ग्रहणषीलता के परिणाम स्वरूप भारतीय संस्कृति विविधताधर्मी होती गयी है। हजारी प्रसाद द्विवेदी ने अपनी साहित्य की विषय वस्तु के रूप में भारत की विशाल सांस्कृतिक परम्परा और इतिहास को अपनाया। आपके निबन्धों और उपन्यासों में भारतीयता जीवन्त हो उठी है।

आप के उपन्यास आधुनिक युग में जीवन की व्यापकता को अभिव्यक्त करने की दृष्टि से हिन्दी उपन्यास साहित्य में विशेष महत्वपूर्ण हैं। सामाजिक, ऐतिहासिक, मनोवैज्ञानिक और आंचलिक उपन्यासों की परम्परा में बहुत से ऐसे उपन्यास हैं, जिनमें, हमारा समाज जीवन्त हो उठा है। ऐतिहासिक उपन्यास लेखकों की परम्परा में आचार्य हजारी प्रसाद द्विवेदी का नाम विशिष्ट है। द्विवेदी जी ने ऐतिहासिक आख्यान को नये षिल्प के रूप में प्रस्तुत किया। बाणभट्ट की आत्मकथा, पुनर्नवा, अनामदास का पोथा और चारूचन्द्रलेख आप द्वारा रचित उपन्यास हैं। इन सभी उपन्यासों की कथावस्तु तो ऐतिहासिक है लेकिन कथाशिल्प सभी उपन्यासों का अलग-अलग है।

बाणभट्ट की आत्मकथा आत्मकथा शैली का उपन्यास है। इसकी शिल्प एवं सरचना का कलेवर विशिष्ट है। इस उपन्यास ने सबसे पहले अपने शिल्प से पाठकों को चौंकाया और आकर्षित किया। इस उपन्यास का शीर्षक चमत्कार पूर्ण एवं आकर्षक है। उपन्यास के आरम्भ में द्विवेदी जी ने सूचित किया है कि शान्ति निकेतन की अन्तेवासिनी मिस

कैथाराइन द्वारा प्राप्त अनुवाद के रूप में बाणभट्ट की आत्मकथा को प्रस्तुत करते हैं। उपन्यास की कथावस्तु प्रेम संवेदना को केन्द्र में रखकर बुनी गयी है। इस कथावस्तु में इतिहास और कल्पना का मिश्रण अद्भूत कौशल के साथ किया गया है।

बाणभट्ट की आत्मकथा का कथा संसार इतिहास पर आधारित है, पर उसमें इतिहास बहुत कम और कल्पना तथा लोक प्रसंगों की अधिकता है। इतिहास केवल इतना है कि हर्षवर्द्धन के राजदरबार में बाणभट्ट को राजकवि के रूप में प्रतिष्ठि तो मिली लेकिन प्रारम्भिक संघर्षों के पश्चात्। इसे आचार्य हजारी प्रसाद द्विवेदी अपने कल्पना के इन्द्रजाल द्वारा समकालीन साहित्य, संस्कृति और लोकश्रुतियों के आधार पर विस्तृत किया। ऐतिहासिक कथा संसार का आरम्भ तो हिन्दी उपन्यास सक्रिय में पहले ही हो चुका था, लेकिन द्विवेदी जी ने ऐतिहासिक उपन्यास लेखन को नयी दिषा दी जो उपन्यास को इतिहास के सार्थकता और सर्जनात्मकता से सम्पन्न करने वाली थी।

उपन्यास की कथावस्तु के अनुरूप भाषा का प्रयोग उपन्यास की प्रभावोत्परकता बढ़ा देती है। ऐतिहासिक विषय वस्तु को प्रस्तुत करते हुए आचार्य हजारी प्रसाद द्विवेदी ने संस्कृत निष्ठ हिन्दी का प्रयोग किया है। बाणभट्ट की आत्मकथा की कथावस्तु के सन्दर्भ में गोपाल राय का कथन है-

बाणभट्ट की आत्मकथा का केन्द्रीय विषय उदात्त प्रेम है, जो वासनाज्न्य न होकर सम्पूर्ण आत्मसमर्पण, आत्मदान, लोकमंगल और तपस्या से परिचलित और पुष्ट होता है। बाणभट्ट और भट्टिनी, निपुणिका और बाणभट्ट, अघोर भैरव और महामाया तथा सुचरिता और विरतिव्रज के प्रेम प्रसंगों से इसी विचार की पुष्टि होती है। बाणभट्ट और निपुणिका तथा भट्टिनी के प्रेम का चित्रण जिस उदात्त स्तर पर द्विवेदी जी ने किया है, वह हिन्दी साहित्य में अकेला है।1

उदात्त प्रेम का वर्णन सातवीं शताब्दी के परिवेष के अनुरूप करते हुए द्विवेदी जी भाषा के माध्यम से बड़ी ही सजगता से पाठकों के समक्ष प्रस्तुत किया है। परिवे अंकन करते हुए द्विवेदी जी की भाषा चित्रात्मक रूप में दृष्टिगत होती है-

मैं नगर के एक चौराहे पर खड़ा-खड़ा मुग्ध भाग से यह दृष्य देख रहा था। इसका सबसे मजेदार हिस्सा वह था, जिसमें राजमहल में रहने वाले बौने, कुबड़े, नपुंसक और मूर्ख लोग उद्धत नृत्य से विहवल होकर भागे जा रहे थे। एक बृद्ध कुंचकी की दषा बड़ी दयनीय हो गई थी। उसके गले में एक नृत्य परायण रमणी का उत्तरीय वस्त्र अटक गया था और खींच-तान में पड़ा हुआ बेचारा बूढ़ा उपहास का पात्र बन गया था। राजकन्याओं का स्थान जूलूस के ठीक मध्यभाग में था। यहाँ का नृत्य गान संयत, गम्भीर और मनोहारी था। एक ओर भेरी, मृदंग, पटह, काहल और शंख के निनाद से धरित्री फटी जा रही थी और दूसरी ओर राजकन्याओं के कपोलन्तली को आन्दोलित मणिमय कुण्डलों ओर उत्पल -पत्रों से जगमगाती हुई शिविकाएं बीच-बीच में सनूपुर चरणों की ईषत् झंकार से मुखरित हो उठती थी।2

उपरोक्त पंक्तियों में द्विवेदी जी ने सातवीं सदी के भारत का चित्र प्रस्तुत करते हैं। भारतीय इतिहास के प्रति अगाध आस्था और भारतीयता का गहन अध्ययन का परिणाम है, यह वर्णन। वाद्य-यन्त्र से परिवेश सभी को द्विवेदी जी जीवन्त रूप में प्रस्तुत किया है। भेरी, मृदंग, पटह, काहल एवं शंख जैसे वाद्य-यन्त्र से आधुनिक समय के लोगों का परिचय कराने का श्रेय द्विवेदी जी को ही जाता है। आचार्य हजारी प्रसाद द्विवेदी ने अपनी भाषा के माध्यम से हमारा साक्षात्कार मध्यकालीन समाज से करा देते हैं। भाषा अभिव्यक्ति का सर्वोत्तम माध्यम है, द्विवेदी जी के भाषा की बनावट और संरचना मध्यकालीन समाज को हमारे सम्मुख साकार करने में समर्थ है-

आचार्य के इंगित पर कुमार भी उठे और मैं भी उठ गया। बाहर निकलकर देखा तो मध्याहन कालीन सूर्य अपनी सहस्र-सहस्र तप्त किरणों से अग्निस्फुलिंग की वर्षा कर रहा था। वातोद्धत धूल से पटलित होकर आकाष धूस रामान हो गया था। विहार का अंगण-कुट्टिम सूर्य-किरणों से तप्त होकर अग्नि के समान दाहक बना हुआ था और अंगारमय वातावरण में विहार के बीचवाला अष्वत्थ आपाद ताम्र किसलयों से लदा हुआ था ऐसा जान पड़ता था कि धरती के भीतर से कोई ज्वलन्त आग्नेयगिरि ज्वालमाला के रूप में धरती की अन्तः स्थित प्रचंड उष्णता को उगल रहा है।[3]

ग्रीष्म कालीन प्रचण्ड धूप और धूप से निर्मित वातावरण का अंकन करते हुए द्विवेदी जी ऐसा शब्दों का वागजाल बुनते हैं कि उसमें ग्रीष्म की भीषणता के साथ-साथ युगानुभूति भी हमारे समझ उपस्थित हो जाती है। आग्नि स्फुलिंग, अंगण-कुट्टिम, वातोद्धूत, अष्वत्थ, ताम्र किसलय, आग्नेय जैसे शब्दों का प्रयोग पाठक या आस्वाद को कौतुक से भर देता है। परिवेष के साथ-साथ संवादों में भी द्विवेदी जी ने पात्र एवं भाव का अनुगमन करने वाली शब्दावली से औपन्यासिक भाषा के नयी ऊँचाई दी है।

बाणभट्ट की आत्मकथा में उदात्त प्रेम की भावना की द्विवेदी जी ने अभिव्यक्त करते हुए ऐसे भाषा अत्यन्त जीवन्त हो उठी है-

क्या बताऊँ भट्ट! मेरी-जैसी स्त्री तुम्हारे जैसे पुरूष से क्यों डरती है, यह बात अगर आज तक तुम्हारी समझ में नहीं आई तो अब नहीं आएगी।

मैं सचमुच हैरान था। निपुणिका को मुझसे डरने की क्या बात थी। निपुणिका ने ठीक ही कहा था। मैं आज तक उस अज्ञात कारण को ठीक-ठीक नहीं समझ सका। अनुमान से कुछ समझता जरूर हूँ, पर अब मुझे अपनी समझ पर भरोसा कम ही है।मैंने आश्चर्य के साथ निपुणिका को देखा और हारे हुए की तरह बोला, "तो निउनिया, मैं चला जाऊँ?"

निपुणिका हँसी। उसकी ऑंखों में जैसे एक प्रकार की चुहल थी। बोली "यही तो डर की बात है भट्ट कि कब तुम किस बात पर कह उठोगे कि मैं चला!"

अजीब पहली है। मैंने कुछ देर चुप रहने के बाद कहा, "निउनिया, मैं हार मानता हूं। मेरी कोई जरूरत भी नहीं थी, मुझसे तुम डरती भी हो और मेरा चला जाना भी ठीक नहीं है- मैं कुछ भी नहीं समझता।

निपुणिका की ऑंखों में एक अद्भुत आनन्द खेल रहा था। बोली, "यही तो तुम नहीं समझते कि कौन हारता है। यदि तुम समझ लेते कि कौन हारता है, तो यह भी समझ लेते कि कौन डरता है। भट्ट तुम भोले हो! तुम इस पृथ्वी पर षरीरधारी देवता हो।[4]

शब्दों के माध्यम से भावों के सूक्ष्म से सूक्ष्म उतार-चढ़ाव को द्विवेदी जी ने बड़ी ही कुशलता से कथाफलक पर पाठकों के समझ प्रस्तुत किया है। जब भी बाणभट्ट निपुणिका को सम्बोधित करता है तो प्रेमातिरेक से अभिभूत होकर निउनिया कहता है। बाणभट्ट के एक भोलपन का एहसास प्रस्तुत होता है तो निपुणिका के कथनों में स्त्री सुलभ चातुर्थ देखने को मिलता है। निपुणिका के संवादों के साथ आचार्य ने उसके भाव-भंगिमा का भी अंकन शब्दों के माध्यम से पाठकों के समझ प्रस्तुत किया है द्विवेदी लिखते हैं- 'उसकी ऑंखों में एक प्रकार की चुहल थी। और उसकी भंगिमा के संदर्भ में बताते है - आखों में एक अद्भूत आनन्द खेल रहा था। इन पंक्तियों के माध्यम से आचार्य ने नारी सुलभ प्रेम की विविध भंगिमाओं हमारे समझ मूर्त कर दिया है। शरीरधारी देवता जैसे से सम्बोधन से निउनिया ने बाणभट्ट को अपना सर्वस्व मान लिया है। भावानुरूप भाषा का प्रयोग एवं शब्द संयोजन हजारी प्रसाद द्विवेदी के रचनात्मक कौशल का अभिन्न अंग हैं। पात्रों के संवाद, रूप-रंग देह याष्टि आदि सभी को मूर्त रूप में आप उपस्थित करने में सक्षम हैं। अर्मूत को भाषा के माध्यम से मूर्त कर पाठकों को द्विवेदी जी अभिभूत कर देते हैं। रूप वर्णन का उदाहरण ही देखें-

उनका मुखमंडल मेघयुक्त शरच्चन्द्र के समान प्रसन्न मनोहर जान पड़ता था। उन्होने तत्काल ही स्नान कर कुसुम्भ - वस्त्र धारण किया था। प्रत्यय स्नान ने उनकी कुकुम-गौर कान्ति को निखार दिया था। उनका रूचिर अंषुकान्त (ऑंचल) मन्द-मन्द वायु के आष्लेष से चंचल हो रहा था। वे काठ की नौका में से सघः समुयजात चल-किस्लयवती मधुमालतीलता के समान फुल्ल कमनीय दिख रही थी। उनकी खुली हुई कवरी के छितराए हुए सुवर्णार्थ केश, कुसुम्भ की आभा से ऐसे मनोहर दिखाई दे रहे थे कि उन्हें देखकर सौवर्णशिरिण के सुकुमार तन्तुओं के पराग-पिंजर जाल का ध्यान हो आता था। वे आनन्द से प्रेरित दिखाई दे रही थी।[5]

उपरोक्त रूप वर्णन में आस्वादन कर जिस आनन्द से प्रदीप्त भट्टिनी प्रतीत होती है, उसी आनन्द की अनुभूति हमें भी होती है। उपमान और प्रतीकों के उदात्त प्रयोग से द्विवेदी जी हमें अभिभूत कर देते हैं।' संस्कृतनिष्ठ भाषा की आभा से भट्टिनी के रूप की प्रभावोंत्पादकता और भी बढ़ जाती हैं। भट्टिनी के रूप को देखकर बाणभट्ट का चित्त आनन्द से गदगद हो गया। आगे की पंक्तियों में जब द्विवेदी जी यह बताते हैं कि आज फाल्गुन की पूर्णिमा थी और प्रमत्त मदनोत्सव का दिन था, तो हृदय उस परिवेष से एकाकार कर लेता है। फाल्गुन की पूर्णिमा अपने आप ही मादकता से मन को भर देती है, और उस पर यह रूप वर्णन तो ऑद्भूत ही है। भारतीय संस्कृति और सौन्दर्य का यह अवगाहन अन्यत्र दुर्लभ है। ऐसे वर्णनों से यह उपन्यास भरा पड़ा है।

संवाद किसी भी विषय वस्तु को प्राणवान और समर्थ बनाते हैं। समीक्ष्य उपन्यास के संवादों मे भी जीवन्त एवं सहजता द्विवेदी जी के व्यक्तित्व के अनुरूप ही दृष्टिगत होती है। द्विवेदी जी के अध्ययन एवं चिन्तन का गाम्भीर्य कभी भी उनके व्यक्तित्व पर हावी नहीं हुआ और यही बात उनके कृतित्व के सन्दर्भ में भी कहना अत्यन्त समीचिन होगा। भावों और भाषा का प्रवाह उनके कथ्य का अभिन्न अंग है। यह प्रवाह इस उपन्यास के पात्रों की भाषा में देखने को मिलता है-

मेरी बात भट्टिनी ने सुन ली। वस्तुतः उनको सुनाना ही मेरा उद्देश्य था। उन्होने मुझे बुलाकर कही, ''क्या कहते हो भट्ट! सुगतभद्र क्या वहीं हैं, जो तक्षशिला की ओर धर्म प्रचार करने गये थे? क्या वे नालन्द के आचार्य शीलभद्र के गुरू भाई हैं?

मैं नही जानता देवि! मैंने इतना ही सुना है कि कोई सुगतभद्र नामक भिक्षु पास के विहार में रहते हैं।

पता लगा लो, भद्र! यदि वे आचार्य शीलभद्रके सहपाठी तक्षशिला से लौटे हुए हैं, तो मेरा भाग्य आज प्रसन्न है। वे मेरे पिता के समान हैं, उन्हें मैं, सन्देष भेजूंगी।

मैंने विनीत भाव से कहा, ''भद्रे! मैं अभी पता लगाऊँगा। परन्तु यदि वहीं हों तो में क्या सन्देशा ले जाऊँ?

भट्टिनी ने कहा, '' कह देना, भद्र कि देव पुत्र तुवर मिलिन्द की कन्या आपको प्रणाम करती है और यदि प्रसाद हो तो दर्शन पाना चाहती है।

मेरे हृदय में धक् से लगा। बोला, ''तो देवि, क्या आप तत्रभवान् विषम समर-विजयी, वाह्लीक-विमर्दन, प्रत्यन्त-बाड़व देवपुत्र तुवरमिलिन्द की कन्या हैं?''

श्राजबाला की ऑखें नीची हो गई। बड़े-बड़े पुंडरीक-दल से नयनों में अश्रु भर आये। भर्रई हुई आवाज में बोली', ''हॉ, भद्र!''[6]

उपरोक्त संवादों मे भावों के उतार-चढ़ाव को आचार्य ने बखूबी औपन्यासिक फलक पर उकेरा है। वाणी में शालीनता और भावुकता दोनों देखने को मिलती। भद्र और देवी जैसे सम्बोधन से द्विववेदी सातवीं सदी के भाषा व्यवहार एवं संस्कार बोध से हमारा साक्षात्कार कराते हैं।

द्विववेदी जी के साहित्य में प्रकृति के विविध रूपों का वर्णन देखने को मिलता है। निबन्धों के कई विषय तो प्रकृति के विशुद्ध रूपों का चित्रण पर आधारित है। आपके निबन्धों के साथ-साथ उपन्यासों में भी प्रकृति के प्रति आपका अनुराग देखने को मिलता है। प्रकृति का वर्णन करते हुए द्विववेदी जी की लेखनी आहलादित हो जाती है। समीक्ष्य उपन्यास में भी प्रकृति का उदात्त चित्र देखने को मिलता है। बाणभट्ट जब आचार्य से मिलकर निकलता है तो प्रकृति का जो वर्णन करता है, वह अत्यन्त मनोहारी है- 'इस समय मैने लक्ष्य किया, वृक्षों और लताओं पर वसन्त का प्रभाव पूर्णरूप् से व्याप्त हो गया था - विकसित मंजरियों के सौरभ से स्वयं आकृष्ट भ्रमरावली ने आम के वृक्षों को छा लिया था, पुष्प धूलि के केसर सघन भाव वर्णित होकर वनभूमि को पीत बालुकामय पुलिन के रूप में परिणत कर रहे थे:

पुष्प-मधु के पान से आमत्त भ्रमरियाॅ विहवल-भाव से लता-रूप प्रेरणादोला पर झूला झूल रहीं थी, मन कोकिल लवली के विकसित पल्लवों के अन्तराल में लुक्कासित होकर पुष्प-मधु निकाल रहे थे और इसलिए उन पेड़ो के नीचे मधु-वृष्टि सी हो रही थीः किसी-किसी वृक्ष ओर लता से जीर्ण पुष्प गिर रहे थे और भ्रमर भार से जर्जरित उनके गर्भ केसरों से लता मंडप मनोरम हो उठे थेः और नाना भांति के रंग-विरंगे पक्षियों से वृक्ष -समूह अतिशय रमणीय दिखाई दे रहे थे।[7]

प्रकृति के सौन्दर्य वर्णन में द्विवेदी जी का मन कुछ ज्यादा ही रमता है। उपरोक्त चित्रण के माध्यम से द्विवेदी जी प्रकृति के रम्य चित्र हमारे समक्ष प्रस्तुत कर हमारा उस परिवेष से एकाकार करा देते हैं। आचार्य हजारी प्रसाद द्विवेदी जी ने संवाद, परिवेश, व्यक्तित्व चित्रण सभी में भाषा के ऐसे प्रयोग किए हैं, जिससे हमारे समक्ष मध्यकालीन परिवेष का चित्र समग्रता में उपस्थित हो जाता है। औपन्यासिक भाषा की सहजता एवं सरलता की जिस परम्परा आरम्भ प्रेमचन्द्र ने अपने उपन्यासों के माध्यम से किया, उसे कलात्मक प्रौढ़ता और उत्कर्ष पर पहुंचाने में हजारी प्रसाद द्विवेदी का विषेष योगदान है। ऐतिहासिक उपन्यासों की परम्परा में भाषा की दृष्टि से 'बाणभट्ट की आत्मकथा' एक विशिष्ट उपलब्धि है।

संदर्भः-

1. गोपाल राय, हिन्दी उपन्यास का इतिहास -189
2. हजारी प्रसाद द्विवेदीः बाणभट्ट की आत्मकथा, 13
3. हजारी प्रसाद द्विवेदी, बाणभट्ट की आत्मकथा -49
4. हजारी प्रसाद द्विवेदी, बाणभट्ट की आत्मकथा -40-41
5. वही, पृष्ठ, 64-65
6. हजारी प्रसाद द्विवेदीः बाणभट्ट की आत्मकथा, 34
7. हजारी प्रसाद द्विवेदी, बाणभट्ट की आत्मकथा -39
8. हिन्दी उपन्यास का इतिहासः गोपाल राय
9. हिन्दी उपन्यास का विकासः मधुरे
10. आधुनिक हिन्दी साहित्य का इतिहासः बच्चन सिंह
11. हिन्दी साहित्य एवं संवेदना का विकासः रामस्वरूप् चतुर्वेदी
12. बाणभट्ट की आत्मकथाः हजारी प्रसाद द्विवेदी

4

मैला आँचलः लोक जीवन का आख्यान

हिन्दी कथा साहित्य अपने आरम्भिक काल से ही समाज के व्यापक यथार्थ को अभिव्यक्त करने की दिशा में उन्मुख रहा है। भाव, भाषा एवं शिल्प सभी स्तरों पर हिन्दी कथा साहित्य में विविधता दृष्टिगत होती है। समाज के सभी वर्गों एवं सभी क्षेत्रों के जीवन स्थितियों के अंकन की दृष्टि से हिन्दी कथा साहित्य अत्यन्त समृद्ध है। हिन्दी साहित्य के इतिहास का अवलोकन करें तो हमें यह देखने को मिलता है कि भक्ति काल के बाद आधुनिक काल सर्वाधिक महत्वपूर्ण है। साहित्यिक विधाओं के साथ-साथ भाषा की दृष्टि से भी आधुनिक काल का योगदान महत्वपूर्ण है। आधुनिक काल में भारतेन्दु हरिश्चन्द्र के प्रयासों से भाषा एवं साहित्य का नया स्वरूप विकसित हो रहा था। भाषा एवं साहित्य पर नये सामाजिक जनजागरण का प्रभाव भी प्रतिबिम्बित हो रहा था। जनता की चिऱँवृऱँयों में होने वाले परिवर्तन का प्रभाव व्यापक रूप से साहित्य को प्रभावित करता है, यह प्रभाव आधुनिक काल के साहित्य में देखने को मिलता है।

आधुनिक काल में साहित्य का व्यापक रूप से जनतंत्रीकरण हुआ, पूर्ववर्ती काल तक साहित्य का नायकत्व समाज के विशिष्ट वर्ग तक ही सीमित था, लेकिन आधुनिक काल में नायकत्व की अवधारणा बदल गयी। हिन्दी कथा साहित्य में समाज के अन्तिम छोर पर स्थित व्यक्ति एवं क्षेत्र को अपने विषय-वस्तु में प्रमुख स्थान दिया। लाला श्री निवासदास कृत परीक्षा गुरु (1982) को हिन्दी का पहला मौलिक उपन्यास माना जाता है। इससे पूर्व श्रद्धाराम फुल्लौरी ने भाग्यवती (1877) शीर्षक सामाजिक उपन्यास लिखा था। हिन्दी के आरम्भिक उपन्यासों पर बंगला के उपन्यासों का प्रभाव देखने को मिलता है। भारतेन्दु-काल में सामाजिक, ऐतिहासिक, तिलस्मी-ऐय्यारी, जासूसी उपन्यासों की रचना व्यापक रूप से की गयी।

हिन्दी उपन्यास साहित्य को व्यापक सामाजिक धरातल पर उतारने का कार्य मुंशी प्रेमचन्द ने किया। इसी कारण इन्हें उपन्यास सम्राट भी कहा जाता है। हिन्दी उपन्यास

साहित्य अपने आरम्भिक काल से ही सामाजिक ताने-बाने पर रचा जा रहा था, सामाजिक जीवन से जोड़ने और अंकन करने का कार्य प्रेमचन्द ने किया। प्रेमचन्द और उनके युग के अन्य उपन्यासकारों को सामाजिक यथार्थ को कथा साहित्य के व्यापक फलक पपर उकेरने का कार्य किया। इन उपन्यासकारों के प्रयासों के परिणामस्वरूप हिन्दी उपन्यास साहित्य को व्यापक सामाजिक स्वीकृति मिली। हिन्दी साहित्य में हिन्दी उपन्यास साहित्य के महत्व को रेखांकित करते हुए आचार्य रामचन्द्र शुक्ल ने अपने 'हिन्दी साहित्य का इतिहास' में लिखा है कि - ''वर्तमान जगत् में उपन्यास बड़ी शक्ति है। समाज जो रूप पकड़ रहा है, उनके भिन्न-भिन्न वर्गों में जो प्रवृतियाँ उत्पन्न हो रही है, उपन्यास उनका विस्तृत प्रत्यक्षीकरण ही नहीं करते, आवश्यकतानुसार उनके ठीक विन्यास, सुधार अथवा निराकरण की प्रवृत्त भी उत्पन्न कर सकते है।[1]

आचार्य शुक्ल के उपरोक्त वक्तव्य से स्पष्ट है कि उपन्यास साहित्य के माध्यम सामाजिक यथार्थ के अंकन के साथ-साथ सामाजिक सुधार पर भी विशेष जोर था। सामाजिक यथार्थ और समाज में नये आदर्श के निर्माण की दृष्टि से प्रेमचन्द का कथा संसार विशिष्ट है। अपने रचनात्मक जीवन के अधिकांश समय में प्रेमचन्द सामाजिक यथार्थ के अंकन के साथ-साथ आदर्श के निर्माण पर बल दे रहे थे। उनके उपन्यास 'गबन' तक में आदर्शवादी यथार्थ का चित्रण मिलता है। लेकिन 'गोदान उपन्यास तक आते-आते उन्होंने सामाजिक जीवन यथा तथ्य-यथार्थ की प्रस्तुति पर बल दिया। जिसका प्रभाव प्रेमचन्द के बाद के उपन्यासकारों में देखने को मिलता है।

प्रेमचन्द के पश्चात् सामाजिक यथार्थ के अंकन की दृष्टि से फणीश्वर नाथ रेणु का योगदान विशिष्ट है। फणीश्वर नाथ रेणु हिन्दी उपन्यास साहित्य में आंचलिक उपन्यास लेखन की परम्परा में एक मजबूत कड़ी के रूप में जाने जाते हैं। अपने पहले उपन्यास 'मैला आँचल (1954)' की भूमिका में वह स्पष्ट रूप से लिखते हैं कि- ''यह है मैला आँचल, एक आंचलिक उपन्यास। कथानक है पूर्णिया। पूर्णिया बिहार राज्य का एक जिला है; इसके एक ओर नेपाल तो दूसरी ओर पाकिस्तान और पश्चिम बंगाल। विभिन्न सीमा-रेखाओं से इसकी बनावट मुकम्मल हो जाती है, जब हम दक्खिन में सन्थाल परगना और पश्चिम में मिथिला की सीमा रेखाएँ खींच देते हैं। मैंने इसे एक हिस्से के एक ही गाँव को पिछड़े गाँव का प्रतीक मानकर इस उपन्यास कथा का क्षेत्र बनाया है।[2]

कथा क्षेत्र को नायकत्व प्रदान करने वाला यह हिन्दी का अपनी तरह का एकलौता उपन्यास है। साथ ही लेखक यह भी घोषित करता है कि यह एक आंचलिक उपन्यास है। फणीश्वर नाथ रेणु कृत मैला आँचल में हीं वरन् उनकी अन्य कृतियों में भी अंचल का जीवन्त रूप देखने को मिलता है। रेणु ने अपने कथा साहित्य के माध्यम से अंचल के रीति-रिवाज, रंग-रूप, लोकगीत एवं भाषा को साहित्यिक धरातल पर प्रतिष्ठित करने का कार्य किया। मैला आँचल की भूमिका में ही रेणु ने यह भी कहा है कि - इसमें फूल भी हैं, शूल भी, धूल भी है, गुलाब भी, कीचड़ भी है, चन्दन भी, सुन्दरता भी है, कुरूपता भी, मैं किसी

से दामन बचाकर निकल नहीं पाया। रेणु के वक्तव्य से स्पष्ट संकेत मिल जाता है कि रेणु उस अंचल की कथा को उसकी समग्रता में प्रस्तुत कर रहे थे और वो भी पूर्ण निष्ठा और समर्पण के साथ। मैला आँचल की इन्हीं विशेषताओं को रेखांकित करते हुए आचार्य रामविलास ने लिखा है कि -''मैला आँचल में नई चीज है, लोक संस्कृति का वर्णन। लोकगीतों और लोकनृत्यों के वर्णन द्वारा लेखक ने एक अंचल विशेष की संस्कृति का चित्र अंकित किया है। इसके साथ-साथ कथा कहने की उसकी नई पद्धति है। वह सिनेमा के चित्रों के समान बहुत से शाट इकट्ठे कर देता है, ये शाट एक-दूसरे में कितने विभिन्न हैं, इसका ध्यान नहीं रखता, एक ही अध्याय में तीन-चार बार 'कट' लगाकर पाठक को चौंधिया देता है।[3]

आँचलिक संस्कृति के चित्रण में माहिर फणीश्वर नाथ रेणु एक सफल किस्सागो भी हैं। कहानी कहने की उनकी शैली निराली है। जैसा कि आचार्य रामविलास शर्मा ने भी अपने उपरोक्त कथन में कहा है। वर्णनात्मक लेखन शैली के साथ-साथ रेणु ने पात्रों के प्रत्येक मनोवैज्ञानिक सोच का अंकन अत्यन्त सहज रूप में कि है। अपने कथा साहित्य में उन्होंने आंचलिक जीवन के हर धुन, गंध, लय, ताल, सुर को शब्दबद्ध कर भाषा के एक ऐसे वातायन का सृजन किया है, जिसमें पाठक अपने आपको भूलकर कथा भाव में डूब जाता है। ग्राम्य जीवन के लोकगीतों का उन्होंने अपने कथा साहित्य में बहुत सर्जनात्मक प्रयोग किया है।

रेणु के रचनात्मक यात्रा का आरम्भ 'तबे एकला चलो रे' से होता है। यह कहानी, 1952-53 के दौर की है, जब वे गंभीर रूप से बीमार थे। 1954 में उनका बहुचर्चित उपन्यास मैला आँचल प्रकाशित हुआ। रेणु को जितनी प्रसिद्धी हिन्दी साहित्य में उनके उपन्यास मैला आँचल से मिली, उसकी मिशाल दुर्लभ है। इस उपन्यास के प्रकाशन ने उन्हें रातों-रात हिन्दी के एक बड़े कथाकार के रूप में प्रसिद्ध कर दिया। मैला आँचल हिन्दी कथा साहित्य में मील का पत्थर है। आंचलिक जीवन के बहुआयामी व्यक्तित्व को रेणु ने आंचलिक भाषा एवं आंचलिक संस्कृति के साथ समग्रता में कथा कैनवस पर उभार कर ऐतिहासिक कार्य किया। 'मैला आँचल' हिन्दी उपन्यास को नयी दिशा प्रदान करने वाला उपन्यास है। मैला आंचल आंचलिक संस्कृति, कला, संगीत एवं धुनों को आंचलिक भाषा में प्रस्तुत किया है। सांस्कृतिक परिवेश के साथ-साथ भौगोलिक हलबन्दी एवं सामाजिक संरचना को समग्रता में प्रस्तुत किया है। मेरीगंज की भौगोलिक परिवेश को प्रस्तुत करते हुए रेणु ने लोक की जीवन्तता को भी प्रस्तुत किया है- ''ऐसा ही एक गाँव है मेरीगंज। रौतहट स्टेशन से सात कोस पूरब, बूढ़ी कोशी को पार करके जाना होता है। बूढ़ी कोशी के किनारे-किनारे बहुत दूर तक ताड़ और खजूर के पेड़ों से भरा हुआ जंगल है। इस अंचल के लोग इसे 'नवाबी तडबन्ना' कहते हैं। किस नवाब ने इस ताड़ के वन को लगाया था, कहना कठिन है, लेकिन वैशाख से लेकर आषाढ़ तक आस-पास के हलवाहे-चरवाहे भी इस वन में नवाबी करते हैं। तीन आने लबनी ताड़ी, रोक साला मालगाड़ी। अर्थात् ताड़ी के नशे में आदमी मोटर गाड़ी को भी सस्ता

समझता है। तड़बन्ना के बाद ही एक बड़ा मैदान है, जो नेपाल की तराई से शुरू होकर गंगा जी के किनारे खत्म हुआ है। लाखों एकड़ जमीन! बंध्या धरती का विशाल अंचल। इसमें दूब भी नही पनपती है। बीच-बीच में बालूचर और कहीं-कहीं बेर की झाड़ियाँ।[4]

उपरोक्त पंक्तियों में रेणु ने उस गाँव के बाह्य परिवेश का अंकन किया है, जिसे उसने कथा नायक के रूप में प्रस्तुत किया है। परिवेश की मुकम्मल तस्वीर प्रस्तुत करते हुए ताड़, खजूर, दूब, बालूचर सभी का अंकन बड़ी ही सहज रूप में कथा फलक पर उभारा है। वैशाख से आषाढ़ तक ग्रीष्म ऋतु होने के कारण अंचल के लोग अधिकांश समय बाग-बगीचों में भी व्यतीत करते हैं। इसके साथ ही साथ लाखों एकड़ भूमि के उर्वर न होने की भी बात करते हुए रेणु मेरीगंज गाँव में पाठक का प्रवेश कराते हैं। गाँव में प्रवेश कराने के साथ ही अंचल के भूगोल के साथ-साथ इतिहास से भी परिचित कराते हैं। इतिहास बताने के पश्चात् रेणु अंचल के सामाजिक ताने-बाने को प्रस्तुत करते हैं। रेणु लिखते हैं कि - "मेरीगंज एक बड़ा गाँव है, बारहो बरन के लोग रहते है। आगे जातियों के शक्ति सन्तुलन को स्पष्ट करते हैं -"राजपूतों और कायस्थों में पुश्तैनी मन-मुटाव और झगड़े होते आए हैं। ब्राह्मणों की संख्या कम है, इसलिए वे हमेशा तीसरी शक्ति का कर्तव्य पूरा करते हैं। अभी कुछ दिनों से यादवों के दल ने भी जोर पकड़ा है। जनेऊ लेने के बाद भी राजपूतों ने यदुवंशी क्षत्रिय को मान्यता नहीं दी। इसे विपरीत समय-समय पर यदुवंशियों के क्षत्रित्व को व्यंग विद्रुप के बाणों से उभारते रहें। एक बार यदुवंशियों ने खुली चुनौती दे दी। बात तूल पकड़ने लगी थी। दोनों ओर से लोग लगे हुए थे। यदुवंशियों को कायस्थ टोली के मुखिया तहसीलदार विश्वनाथ प्रसाद मल्लिक ने विश्वास दिलाया, मामले-मुकदमें की पूरी पैरवी करेंगे। जमींदारी कचहरी के वकील वसन्तों बाबू कर रहे थे, "यादवों को सरकार ने राजपूत मान लिया है।' इसका मुकदमा तो धूमधाम से चलेगा। इसका मुकदमा खुद वकील साहब कर रहे थे।[5]

जाति व्यवस्था लोक जीवन को अभिन्न अंग है। गांव में बारहों बरन के लोग से आशय यह है कि गांव में प्रचलित सभी जातियों के लोगों से हैं। ग्रामीण समाज में जातिय संतुलन के लिए संघर्ष होना लोक की नियुक्ति है। क्षत्रिय, कायस्थ, ब्राह्मण हमारी समाज व्यवस्था के केन्द्र में सदियों से रहे हैं। जाति सूचक शब्दों का भी भारतीय सामाजिक परिवेश पर प्रभाव देखने को मिलता है। क्षत्रियों और यदुवंशियों में सघर्ष का कारण भी जातिय व्यंगविद्रुप है।

सामाजिक परिवेश के साथ-साथ अंचल की भाषा एवं संस्कृति को भी रेणु ने इस उपन्यास में संजोया है। लोक की कला, संगीत, संस्कृति के प्रति कथाकार का गहरा अनुराग उनके समग्र कथा, साहित्य में देखने को मिलता है। मैला आँचल में मेरीगंज की संस्कृति एवं जीवन स्थितियों को हमारे समक्ष रेणु ने प्रस्तुत किया है।

मैला आँचल लोक आख्यान को लोकभाषा में प्रस्तुत करने वाला उपन्यास है। साहित्यिक भाषा के बने बनाये ढाँचे के दायरे में औपन्यासिक कथा वस्तु प्रस्तुत करना संभव नही है। कथा भाषा और सामाजिक यथार्थ रचनात्मकता का एक महत्वपूर्ण पहलू है। इसे रेखांकित करते हुए प्रो0 केशरी कुमार ने लिखा है कि- "भाषा यथार्थ का सबसे महत्वपूर्ण

रचनात्मक पहलू है। भाषा नहीं तो यथार्थ की पहचान नहीं। भाषा के द्वारा ही, भाषा के माध्यम से ही हम यथार्थ को जानते, मानते, पहचानते हैं। भाषा यथार्थ को एक नाम देती है, और इस नाम से ही वह पहचाना जाता है। जिसके पास वस्तु है, पर नाम नहीं है, उसके पास यथार्थ है, पर यथार्थ का बोध नहीं है, कसौटी नहीं है। भाषा की उपेक्षा यथार्थ की उपेक्षा है। यथार्थ समाज-जीवन द्वार है, तो भाषा उससे भीतर-बाहर करने का रास्ता है। एक के बिना दूसरे का अर्थ नहीं।[6]

उपरोक्त कथन से स्पष्ट है कि सामाजिक यथार्थ और भाषा एक दूसरे से बहुत ही गहरे स्तर पर जुड़े हुए हैं। मैला आँचल की भाषा सामाजिक यथार्थ के साथ कदम ताल मिलाते हुए चलने वाली है। रेणु लोक के बहुत बड़े रचनाकार हैं, लोक की जीवनानुभवों का रचानात्मक प्रयोग उन्होंने बखूबी किया है। लोक में प्रचलित बोली-बानी, गीत-संगीत, कला एवं धुनों का औपन्यासिक भाषा में बड़ा ही सर्जनात्मक प्रयोग मैला आँचल में देखने को मिलता है। लोक जीवन एवं परम्परा अभिन्न अंग के रूप में लोक गीतों की एक सुदीर्घ एवं सुदृढ़ परम्परा हमारे समाज में रही है। इस परम्परा का निर्वहन मैला आँचल में देखने को मिलता है। लोक में प्रचलित निर्गुण गीत, विवाह गीत, श्रम गीत, तीज-त्यौहारों एवं अन्य प्रचलित गीत सहज ही इस उपन्यास की भाषा के अंग बन गये हैं-

"हाँ रे, बड़ा रे जतन से सुगा एक हे पोसल,

माखन दुधवा पिलाए।

हाँ रे, से हो रे सुगना बिरिछी चढ़ि बैठल,

पिंजड़ा रे धरती लोटाए......?"[7]

निर्गुण गीत अचल जीवन में सुबह-सुबह ही गाया जाता है। जिसे लोक में इसे प्रभाती कहा जाता है। निर्गुण के साथ-साथ विवाह के गीतों को भी रेणु के इस उपन्यास में देखा जा सकता है-

"अरे फागून मास रे गवना मोरा होइत

कि पहिरू वसन्त रंग हे

बाट चलैत-आ केशिया संभारि बान्हू

अँचरा हे पवन झरे हे ए ए ए!"[8]

उपरोक्त गीत में गौने से संबधित एक नव-युवती की आकांक्षा का चित्र रेणु खिंचते हैं। यह लोक में प्रचलित बारहमासा का एक हिस्सा है। बारहमासा वर्ष के सभी महीनों से संबधित होता है। वर्ष के सभी मास लोक मन पर अपना-अपना प्रभाव छोड़ते हैं। डॉक्टर प्रशान्त लोक में प्रचलित गीतों को बहुत ही ध्यान से सुनता है, और उसमें इस तरह लीन हो जाता है कि किस-हिस्ट्री लिखना ही भूल जाता है। सुबह के सोनाय गीत गाता है। सोनाय अकेला नहीं है, सैकड़ों कंठो में एक-एक विरहिन मैथिली बैठी हुई कूक रही है-

'आम जो कटहल, तूत जो बड़हल

नेबुआ अधिक सूरेब!

मास आषाढ़ हो रामा! पंथ जनि चढ़िहऽ

दूरहि से गरजत मेघ रे मोर!

अरे मास आ सा ढ़ हे! गरजे घन

बिजूरी-ई चमके सखि हे ए ऐ!

मोहे तजी कन्ता जाए परदेसा आ...आ

कि उमड़ कमला माई हे!

हँऽरे! हँऽरे......।[9]

बारहमासा और निर्गुण के साथ-साथ लोक में प्रचलित गीतों का प्रयोग भी प्रचुरता से इस उपन्यास में देखने को मिलता है। रेणु का लोकगीतों के साथ-साथ लोक धुनों से भी बहुत लगाव देखने को मिलता है। अंचल में ध्वनियों के माध्यम से धुनों का बनाने की परम्परा रही है। लोग अपने मुख-विवर द्वारा ही कोयल, झिंगुर या अन्य वाद्य यंत्रों की ध्वनि को उच्चरित करते हैं। मैला आँचल की भाषा में ऐसे ध्वनि बिम्बों का व्यापक प्रयोग दृष्टिगत होता है। उदाहरण द्रष्टव्य है-

"रात में मेढ़कों की टरटराहट के साथ असंख्य कीट-पतंगों की आवाज शून्य में एक अटूट रागिनी बजा रही है- टर्र! मेंकू टर्ररर..............मेंकू!............झि-झि-चि.......किर-किर्र...........सि, किटिर-किटिर! झि....टर्र...........।[10]

उपरोक्त पंक्तियाँ प्रकृति में व्याप्त-ध्वनियों का बिम्व भाषा के माध्यम से प्रस्तुत करती हैं। इसके साथ-साथ लोक में प्रचलित वाद्य-यन्त्रों के ध्वनियों का बिम्वात्मक प्रयोग भी देखा जा सकता है-

टन्-टनाक्, टन्-टनाक्! सजाई हुई मोकनी हथिनी जा रही है

ढन-ढन, ढनॉग-ढनॉग! कीर्तनियों का घड़ी घंट बोल रहा है।

धू-ऊ-ऊ-तू-तू-तू! शंखनाद।

भों-भों-पों!.......भो.............पों.........पों! अँगरेजी बाजा।

तक-तक-तक-तक धिनाग-धिनाग! टमहरा का चानखोल (एक तरह का बाजा) बजा।

पीं पीं पीं ई ई ई पीं पीं.............। चान खोल वालों की पीपही गा रहा है।".................................

धू-धू-धू-धू-धू-तू धुत-धुत करनाल बोलता है।[11](संघा बाजा)

शब्दों के माध्यम से धुनों के बिम्बों की प्रस्तुति के साथ-साथ रेणु ने गंध बिम्बों का भी प्रस्तुतिकरण किया है। उदाहरण द्रष्टव्य है- "लछमी के शरीर से एक खास तरह की सुगन्ध निकलती है। पंचायत में लछमी बालदेव के पास ही बैठी थी। बालदेव को रामनगर मेला के दुर्गा मन्दिर की तरह गन्ध लगती है-मनोहर सुगन्ध! पवित्र गन्ध।[12]

लोक गीतों एवं लोक धुनों के साथ-साथ लोक में प्रचलित कथा को प्रस्तुत करते हुए रेणु ने देशज भाषा की भदेशी शब्दावली का भी प्रयोग किया है। यह भाषा उस अंचल के यथार्थ जीवन को हमारे सम्मुख ज्यों का त्यों प्रस्तुत करने की अद्भूत क्षमता से सम्पन्न है। भाषा

का देशीपन इस हद तक का है कि कथाकार देशज शब्दों का अर्थ पद-टिप्पणी द्वारा स्पष्ट किया है। उदाहरण-

चुमैना-सगाई, बिलटा-आवारा, बलाय-बलाय-घूस देकर, मटकी-कनखी, मोकनी हथिनी-जवान हथिनी, दामुल हौज-आजीवन कारावास, कनि-दुलहिन, भनसार घर-रसोई घर, पुआल के टालों-घास की ढेरी, भैंसधर मन बाबू-वाइस चेयरमैन, आँगगनवाली-पत्नी, राय बरेली-लायब्रेरी, तुक ताक-टोटका इत्यादि।

उपन्यास के लगभग आधे पृष्ठों पर इस तरह की पाद-टिप्पणी द्वारा रेणु ने शब्दों के भावार्थ स्पष्ट किये हैं। पात्रों के परिवेश एवं भाव भंगिमा के अंकन की दृष्टि से भी रेणु जी ने बेजोड़ भाषा-शैली का प्रयोग किया है। संवेदनशीलता और सहजता रेणु की सम्प्रेषणीयता को प्राणवान बना देती है। पात्रों के संवादों में संवेदना देखते ही बनती है-

"मौसी!"

"कौन?"

"मैं हूँ। डाक्टर। गनेश कहाँ है?"

"डागडर बाबू! आप? आइए बैठिए। गनेश सो रहा है।...............मैं तो अकचका गई, किसने मौसी कहकर पुकारा?" बूढ़ी की आँखें छलछला आती हैं।13

सहज संवेदना के साथ-साथ लोक मन में उपजने वाले आक्रोश का चित्र भी इस उपन्यास में देखने को मिलता हैं। लोक के मन में जितनी सहजता देखने को मिलती है, उतना ही आक्रोश भी लोक मन में मौजूद रहता है। लोक के मन में प्रेम और क्रोध पानी के बुलबुले की तरह होते हैं। संवेदना और प्रेम उमड़े तो सब कुछ लुटा दे और आक्रोश भी लोक मन उपजे तो सब कुछ छीन लेने पर आमदा हो जाता है। प्रस्तुत उदाहरण में हम लोक के आक्रोश को देख सकते हैं-

हम जानते हैं और अच्छी तरह जानते हैं कि रामदास इस मठ का चेला है। उसको महन्थी का टीका न देकर, आप एक नम्बरी बदमास को महन्थ बना रहे हैं। ....मठ में हम लोगों के बाप-दादा ने जमीन दान दी है, यह किसी की बपौती सम्पत्त नहीं।........"

"तेरी जात को मच्छड़ काटे, चुप साले! कुत्ते के बच्चे! अभी कुल्हाड़े से तेरा.............! तेरी माँ को...............।'

"चुप रह बदमास!" कामरेड वासुदेव उछकर खड़ा होता है।

"पकड़ो सैतान को!" कामरेड सुन्दर चिल्लाता है।

"भागने न पावे!"

"मारो!" 14

मुहावरे और गाली भाषा के अनिवार्य अंग हैं। मनुष्य की मनोदशा का प्रतिबिम्बन उसकी भाषा में होता है। भाषा-भाव का एक दूसरे से गहतर स्तर पर जुड़े हुए भावानुरूप भाषा के प्रयोग से ही मुखर अभिव्यक्ति संभव है। रेणु ने आंचलिक कथा को प्रस्तुत कर नये तरह के कथा शिल्प का आविष्कार किया। अंचल की मनोदशा को अभिव्यक्त करते हुए कथाकार ने

लोक के सभी पक्षों को साथ-लिया है। मैला आँचल के अभिनव प्रयोग एवं शिल्प को रेखांकित करते हुए नमीचन्द्र जैन ने लिखा है कि-

"उसके शिल्प में नवीनता है। विभिन्न भावों, मनोदशाओं और घटनाओं को तथा बहुत से व्यक्तियों और समूहों के कार्यों और भाव वेगों को एक नये ढंग से बार-बार 'टेलस्कोप' करने की पद्धति से एक साथ ही गति का और स्थिरता का, दूरी और समीपता का प्रभाव उत्पन्न होता है। पूरा उपन्यास एक फिल्म-जैसा लगता है, जिसके पार्श्व-संगीत में मादल और ढोल, लोक-गीतों के मादक स्वर निरन्तर सुनायी पड़ते रहते है।[15]

हिन्दी कथा साहित्य की परम्परा में कथा शिल्प के स्तर पर जिन कथाकारों ने नवीन शिल्प एवं भाषा का सृजन किया, उनमें फणीश्वर नाथ रेणु का स्थान विशिष्ट है। रेणु प्रेमचन्द परम्परा के एक ऐसे कथाकार के रूप में जाने जाते हैं, जिनके द्वारा आंचलिक कथा लेखन की परम्परा अपने शीर्ष पर पहुँचती है। रेणु आंचलिक संस्कृति की समग्रता के आचार्य है। लोक जीवन एवं ससंकृति को जीवन्त करते हुए लोक की समस्त परम्पराओं का रेणु ने भाषा की सर्जनात्मक शक्ति का बखूबी प्रयोग किया है। लोक जीवन का आख्यान प्रस्तुत करते हुए रेणु ने आंचलिक जीवन के सभी पक्षों, उनकी सीमा, शक्ति और सामर्थ्य के साथ अभिव्यक्ति प्रदान की है। मैला आँल की रागात्मकता और भाषिक शिल्प के महत्व पर विचार करते हुए कथा समीक्षक मधुरेश ने लिखा है कि- "भाषा और शिल्प के स्तर पर मैला आँचल ग्राम-समाज के वर्णन बहुल इतिवृत्तात्मक उपन्यासों की परम्परा से काफी भिन्न है। छोटे-छोटे चित्रात्मक-ब्यौरे और लोक तत्वों का अबाध उपयोग, शब्दों को तोड़-मरोड़कर उन्हें एक खास स्थानीय रंग में ढालने का आग्रह आदि 'मैला आँचल' को एक भिन्न प्रकार की रचना के रूप में प्रस्तुत करते हैं।[16]

लोक जीवन के यथार्थ को समग्रता में अत्यन्त सूक्ष्म ढंग से कथा फलक पर उभारने का प्रयास मैला आँचल में देखने को मिलता है। आंचलिक जीवन की अद्भूत छटा से परिपूर्ण यह उपन्यास हिन्दी औपन्यासिक परम्परा में अपनी आंचलिकता के कारण मील का पत्थर साबित हुआ।

सन्दर्भः-

1. हिन्दी साहित्य का इतिहासः आचार्य रामचन्द्र शुक्ल (पृष्ठ - 35)

2. मैला आँचल : फणीनाथ रेणु, भूमिका, प्रथम संस्करण (पृष्ठ - 05)

3. मैला आँचल, पुर्नपाठ/पुनर्मूल्यांकन (सपा0 परमानन्द श्रीवास्तव) प्रेमचन्द की परम्परा और आंचलिकता : रामविलास शर्मा (पृष्ठ - 08)

4. मैला आँचल : फणीनाथ रेणु (पृष्ठ - 09)

5. मैला आँचल : फणीनाथ रेणु (पृष्ठ - 11)

6. सामाजिक यथार्थ और कथा भाषा (सपा0) अज्ञेय, सामाजिक यथार्थ और कथा भाषा की समस्याएँ: केशरी कुमार (पृष्ठ - 34)

7. मैला आँचल : फणीनाथ रेणु (पृष्ठ - 33)

8. वही - (पृष्ठ - 137)

9. वही - (पृष्ठ - 137)

10. वही - (पृष्ठ - 134)

11. वही - (पृष्ठ - 162-163)

12. वही - (पृष्ठ - 25)

13. वही - (पृष्ठ - 72)

14. वही - (पृष्ठ - 69)

15. मैला आँचल, पुर्नपाठ/पुनर्मूल्यांकन (सपा0 परमानन्द श्रीवास्तव) संवेदनशील और संगीतात्मकः मैला आँचल (पृष्ठ - 27)

16. हिन्दी उपन्यास का विकासः मधुरेश (पृष्ठ - 140)

सन्दर्भ ग्रन्थ सूचीः-

1. हिन्दी साहित्य का इतिहासः आचार्य रामचन्द्र शुक्ल

2. हिन्दी साहित्य का इतिहासः नगेन्द्र

3. हिन्दी उपन्यास का इतिहासः गोपाल राय

4. हिन्दी उपन्यास का विकासः मधुरेश

5. उपन्यास का पुर्नजन्मः परमानन्द श्रीवास्तव

6. मैला आँचल, पुर्नपाठ/पुनर्मूल्यांकन : परमानन्द श्रीवास्तव

7. सामाजिक यथार्थ और कथा भाषाः अज्ञेय

5

व्यंग्यात्मक भाषा की सृजनात्मक प्रस्तुतिः 'राग दरबारी'

हिन्दी उपन्यास साहित्य में हमारे समाज, जीवन और जीवन स्थितियों का व्यापक चित्र देखने को मिलता है। मानव जीवन निरंतर ¬प्रतिपल बदलता रहता है, इसके कारण उसकी क्रियाएँ-प्रतिक्रियाएँ भी बदलती रहती है। इस प्रकार कह सकते हैं कि मानव जीवन एक प्रयोगशाला है, जिसमें अनेक प्रकार की भौतिक एवं रासायनिक प्रक्रियाएँ होती रहती हैं, जिसका प्रभाव हिंदी उपन्यासों पर देखने को मिलता है। उपन्यासों का विषयवस्तु हमारा सामाजिक जीवन होता है, और सामाजिक जीवन में परिवर्तन के परिणामस्वरूप उपन्यासों के विषयवस्तु, शिल्प, भाषा और संरचना में अंतर देखने को मिलता है।

औपन्यासिक भाषा के स्तर पर प्रेमचन्द की सामान्य जन की भाषा को सहज कथा शिल्प में प्रस्तुत करने की जो परम्परा आरम्भ हुई उसे आगे बढ़ाने का कार्य बाद के कथाकारों ने बखूबी किया। कथा साहित्य की भाषा का स्वरूप साहित्यिक भाषा से भिन्न होता है। कथा की भाषा में काव्य, नाटक, निबन्ध और साहित्य की अन्य विधाओं की भाषा का सामंजस्य भी देखने को मिलता है। हिन्दी उपन्यास साहित्य के इतिहास पर दृष्टिपात करें तो हिन्दी उपन्यास साहित्य का इतिहास बहुआयामी देखने को मिलता है। सामाजिक, ऐतिहासिक, मनोवैज्ञानिक, आंचलिक सभी तरह के उपन्यास हिन्दी में रचे गये। इन सभी उपन्यासों की भाषा एवं शिल्प भी अलग-अलग हैं। परिवर्तनशीलता हिन्दी उपन्यासों के मूल चरित्र के रूप में देखने को मिलती है।

हमारे समाज में होने वाले परिवर्तनों का प्रतिबिम्बन हिन्दी उपन्यासों में बखूबी किया गया है। सामाजिक परिवर्तनों को अंकित करने की दृष्टि से हिंदी के कुछ उपन्यासों का विशेष गहत्त्व है। जिसमें 'राग दरबारी' का विशिष्ट स्थान है। 'राग दरबारी' हिंदी साहित्य का बहुपठित एवं बहुचर्चित उपन्यास है। इस उपन्यास में कथाकार ने हमारे समाज में

व्याप्त विसंगतियों, विद्रुपताओं, देश की सामाजिक संरचना एवं राजनितिक कार्यव्यापार का चित्रण करते हुए समाज के हर कोने का लेखा-जोखा प्रस्तुत किया है। रागदरबारी में भारत की उस तस्वीर को लेखक ने उभारने की चेष्टा की है, जिसमें हम आजादी के बाद भी अपना जीवन व्यतीत कर रहे हैं लेखक के शब्दों में कहें तो कह सकते हैं कि-"यह राग उस दरबार का हैं जिसमें हम देश की आजादी के बाद और उसके बावजूद भी पड़े हुए हैं।"

राग दरबारी में भारत का राग-प्रस्तुत करते हुए लेखक की भाषा रागमय हो गयी है। हिंदी कथा-साहित्य में राग दरबारी की भाषा अपने खास अंदाज के लिए जानी जाती है। आधुनिक काल में भाषा के स्तर परजो नवीनीकरण भारतेंदु ने आरंभ किया था उसे हिंदी कथा-साहित्य ने एक नया रूप प्रदान किया। हिंदी कथा साहित्य को नये कलेवर एवं नई भंगिमा से संपृक्त करने का श्रेय प्रेमचंद को है। प्रेमचंद ने विस्तृत सामाजिक भूमि को अपनी कथावस्तु का विषय बनाया। ऐसा करते हुए प्रेमचंद ने भाषा के स्तर पर सामाजिक जीवन की भाषा का प्रयोग किया। भाषाई वैविध्य प्रेमचंद के उपन्यासों में देखने को मिलता है। उनके अधिकांश पात्रों के नाम ग्रामीण परिवेश के नामों के अनुरूप ही रखे गये हैं।

प्रेमचंद के कथा-साहित्य में भाषा की औपान्यासिक कथावस्तु के स्तर पर गलाने एवं सामाजिक भाषा के भंगिमा की सूक्ष्म अनुभूति को अभिव्यक्ति नहीं प्राप्त हो सकी है। हिंदी कथा-साहित्य की भाषा को नये ढंग से गलाने का कार्य जैनेंद्र ने शुरू किया, अज्ञेय ने उसे प्रौढ़ बनाया और रेणु, अमृतलाल नागर, मनोहर श्याम जोशी, श्रीलाल शुक्ल, राही मासूम रजा, काशीनाथ सिंह, शानी, कृष्ण बलदेव वैद आदि कथाकारों ने उसे विविध भंगिमाएँ प्रदान कीं।

जैनेंद्र एवं अज्ञेय की भाषा ऐसी भाषा है, जिसमें कथा-साहित्य की भाषा का प्रतिमान स्थापित हुआ है, जैनेंद्र के यहाँ की बनावट एवं बुनावट संश्लिष्ट रूप में देखने को मिलती है। 'त्यागपत्र' इस दृष्टि से विशिष्ट उपन्यास है। अज्ञेय भाषा के सजग प्रयोक्ता हैं, चाहे वह काव्य का क्षेत्र हो, कहानी या उपन्यास का क्षेत्र हो या उनका स्वयं का जीवन हो। अज्ञेय कविता के क्षेत्र में अपने विशिष्ट प्रयोगों के लिए जाने जाते हैं। अपने उपन्यासों में भी अज्ञेय ने भाषा और विषयवस्तु के स्तर पर नये प्रयोग किये हैं। अज्ञेय भाषा और शिल्प के क्षेत्र में नये-नये प्रयोग करते हैं, जिसका अनुसरण परवर्ती कथाकारों ने किया।

अपनी पुस्तक 'सामाजिक यथार्थ और कथा भाषा' में कथा साहित्य की भाषा पर विचार करते हुए अज्ञेय ने लिखा है कि- "पूरा समाज जिस भाषा के साथ जीता है, उसमें और उसी के साथ जीते हुए अगर हम उस जीवन सन्दर्भ को पहचानते हैं और उस भाषा में रचना करते हैं तो हमारा समाज भी रचनाशील हो सकता है। भाषा हमारी शक्ति है, उसको हम पहचानें, यही रचनाशीलता का उत्स है, व्यक्ति के लिए भी और समाज के लिए भी।' (भूमिका पृष्ठ-27)

भाषा और समाज के जिन रचनात्मक संबधों पर अज्ञेय ने विचार व्यक्त किया, उसका संयोजन स्वाधीनता के बाद के उपन्यासों में देखने को मिलता है।

फणीश्वरनाथ 'रेणु' के 'मैला आँचल' के प्रकाशन से कथा भाषा की भंगिमा, तेवर और स्वाद पूर्णतः बदल गया। भाषा के स्तर पर ऐसा व्यापक प्रयोग पूर्ववर्ती कथाकारों द्वारा नहीं

किया गया। भाषा और शिल्प के स्तर पर नये प्रयोगों का आरंभ तो जैनेंद्र एवं अज्ञेय ने किया लेकिन रेणु ने सामान्य और अतिसामान्य व्यक्ति की भाषा को अपनी कथाभाषा में स्थान दिया, जिससे उस जीवन का यथार्थ औपन्यासिक फलक पर सजीव हो उठा, जिसे कथाकार प्रस्तुत करना चाहता था। कथाभाषा के स्तर पर क्षेत्रीय बोलियों की भंगिमा का प्रयोग कर एक नई कथाभाषा की निर्मित का श्रेय रेणु को है, जिसे परवर्ती कथाकारों ने आगे बढ़ाया।

इसी परंपरा में अमृत लाल नागर, मनोहर श्याम जोशी, श्रीलाल शुक्ल, शानी, राही, मासूम रजा, काशीनाथ सिंह आदि कथाकार आते हैं। इन सभी कथाकारों का कथाभाषा में उनकी श्रेत्रीय बोलियों का व्यापक स्तर पर प्रयोग देखने को मिलता है। लोक जीवन में प्रचलित बोली-बानी के साथ-साथ लोकगीतों, मुहावरों एवं लोकजीवन में प्रयुक्त होने वाली गालियों का प्रयोग देखने को मिलता है। इसी परंपरा में 'श्रीलाल शुक्ल' भी आते हैं। 'श्रीलाल शुक्ल' कृत 'राग दरबारी की' भाषा-योजना अपने आप में विशिष्ट है। इस उपन्यास की भाषा में देशज भाषा एवं बोलियों का रस भी है, और व्यंग्य की मुखरता भी। भाषा के स्तर पर ऐसा व्यापक मिश्रण और व्यंग्य का पैनापन हिंदी कथा-साहित्य में अन्यत्र देखने को नहीं मिलता, उपन्यास की लगभग सभी पंक्तियों में व्यंग्यात्मक मुद्रा देखने को मिलती हैं। इस उपन्यास की भाषा में उस क्षेत्र में प्रचलित लोकभाषा का प्रयोग देखने को मिलता है, जिस क्षेत्र में श्रीलाल शुक्ल अपना जीवन व्यतीत कर रहे थे। वैसे भी इस क्षेत्र के कथाकारों की भाषा में अनूठापन देखने को मिलता है। अमृत लाल नागर की भाषा और उनका भाषा संस्कार इस दिशा में एक विशिष्ट उदाहरण है। मनोहर श्याम जोशी ने अपने संस्मरण 'लखनऊ मेरा लखनऊ' में यह खुले मन से स्वीकार किया है कि उनकी भाषा में जो वैविध्य देखने को मिलता है उसमें नागरजी का विशेष योगदान है। जोशीजी ने अन्य साहित्यिक प्रभावों एवं साहित्यकारों का भी वर्णन किया है।

श्रीलाल शुक्ल भी इसी क्षेत्र के कथाकार थे और यह प्रभाव उनकी भाषा में भी देखने को मिलता है। लेकिन यहाँ यह ध्यान देने योग्य है कि श्रीलाल शुक्ल की भाषा में देशी ठसक के साथ व्यंग्य की महीन धार भी मौजूद है। श्रीलाल शुक्ल ने ग्रामीण जीवन के सूक्ष्म तंतुओं का अध्ययन किया, भाषा की सूक्ष्म संवेदना को परखा और क्षेत्रीयता संतुलित रूप में प्रस्तुत किया। इस दृष्टि से 'राग दरबारी' उनका विशिष्ट उपन्यास है। व्यंग्यात्मक भाषा और देशज भाषा का अद्भुत मिश्रण यहाँ देखने को मिलता है। इस उपन्यास की आरंभिक पंक्तियाँ हैं- "शहर का किनारा। उसे छोड़ते ही भारतीय देहात का महासागर शुरू हो जाता था।"

वहीं एक ट्रक खड़ा था। उसे देखते ही यकीन हो जाता था, इसका जन्म केवल सड़कों के साथ बलात्कार करने के लिए हुआ है। जैसे कि सत्य के होते हैं, इस ट्रक के भी कई पहलू थे। पुलिसवाले उसे एक ओर से देखकर कह सकते थे कि, "वह सड़क के बीच में खड़ा है, दूसरी ओर देखकर ड्राइवर कह सकता था कि वह सड़क के किनारे पर है।"

इन पंक्तियों में लेखक ने आज की व्यवस्था पर दृष्टिपात किया है। आरंभिक पंक्तियों में ही लेखक ने व्यंग्यात्मक तेवर अपनाया है। सत्य की तरह ट्रक के भी कई पक्ष थे, पुलिस

के अपने तर्क और ड्राइवर के अपने तर्क। आगे की पंक्तियों में व्यंग्य की मुद्रा और तेवर सघन होता गयी है-"आज रेलवे ने उसे धोखा दिया था। स्थानीय पैसेंजर ट्रेन को रोज की तरह दो घंटा लेट समझकर वह घर से चला था, पर वह सिर्फ डेढ़ घंटा लेट होकर चल दी थी।''

यहाँ लेखक ने हमारी व्यवस्था की खबर ली है, ट्रेन का लेट होना, लेट होते ही रहना और उसी के अनुसार लोग अपनी आदत डाल लेते हैं। इसी कारण लोग ट्रेन के नियत समय की परवाह नहीं करते वरन् अपने अनुसार ट्रेन का समय ही निर्धारित कर लेते हैं और अपने द्वारा निर्धारित समय पर ट्रेन के न गुजरने पर शिकायत करते हैं। श्रीलाल शुक्ल ने व्यंग्यात्मक मुद्रा में भाषा का इस्तेमाल नितांत नये तरीके से किया है। आज रेलवे ने धोखा दे दिया और धोखा का कारण है ट्रेन का दो घंटे लेट न गुजरना। इस उपन्यास में बोली, बानी, भाषा का ऐसा प्रयोग देखने को मिलता है कि हम सहज ही यह अनुमान लगा लेते हैं कि कथाकार ने किस तरह हमारे ग्राम्य जीवन को जिया है, जिया ही नहीं वरन् ग्राम्य जीवन का अध्ययन, मनन और विश्लेषण भी किया है।

इस उपन्यास में परिवेश, पात्रों के जीवन और हमारी सोच का प्रभावशाली चित्रण किया गया है। इस चित्रण में भाषा एक महत्वपूर्ण अवयव है। श्रीलाल शुक्ल ने उपन्यास की भाषा में सामान्य जीवन की भंगिमा और उसकी सोच के साथ साहित्यिकता का भी समावेश किया है। ऐसा भाषा-प्रयोग जो अपने व्यंग्य में अत्यंत मुखर है और अभिव्यक्ति में सरस। राग दरबारी में श्रीलाल शुक्ल ने हमारे सामाजिक जीवन को अभिव्यक्त किया है। रूप्पन बाबू के व्यक्तित्व के संबंध में कथाकार ने कहा है कि- "रूप्पन बाबू स्थानीय नेता थे। उनका व्यक्तित्व इस आरोप को काट देता था कि इंडिया में नेता होने के लिए पहले धूप में बाल सफेद करने पड़ते हैं। उनके नेता होने का सबसे बड़ा आधार यह था कि वे सबको एक निगाह से देखते थे। थाने में दारोगा और हवालात में बैठा हुआ चोर-दोनों उनकी निगाह में एक थे।''

उपर्युक्त पंक्तियों में यद्यपि कथाकार ने रूप्पन बाबू के चरित्र को दिखाया है, लेकिन यह चित्रण लगभग सभी स्थानीय नेताओं पर लागू होता है। भाषा सीधी-सपाट है और व्यंग्य मुखर। चोर और दारोगा दोनों को समान दृष्टि से देखना हमारे राजनितिज्ञों की आदत या लेखक के शब्दों में कहें तो आवश्यक योग्यता बन गई है। आगे श्रीलाल शुक्ल रूप्पन बाबू की वेश-भूषा का चित्रण करते हुए भी व्यंग्यात्मक मुद्रा अपनाते है-

वे दुबले-पतले थे, पर लोग उनके मुँह नहीं लगते थे। वे लंबे गरदन, लंबे हाथ और लंबे पैर वाले आदमी थे। जन नायकों के लिए ऊल-जलूल और नये ढंग की पोशाक अनिवार्य समझकर वे रंगीन बुशशर्ट पहनते थे और गले में रेशम का रूमाल लपेटते थे। धोती का कोंछ उनके कंधे पर पड़ा रहता था। वैसे देखने में उनकी शक्ल एक घबराये हुए मरियल बछड़े की-सी थी, पर रोब उनका पिछले पैरों पर खड़े हुए एक हिनहिनाते घोड़े का-सा जान पड़ता था।

परिधान और शारीरिक सौष्ठव के चित्रण की भाषा भी व्यंग्यात्मकता से परिपूर्ण है। जननायकों के निमित्त आवश्यक परिधान और उसके पश्चात रूप्पन बाबू के चेहरे और रोब का बखान और उन्हें पैदायशी नेता घोषित करना, अद्भुत भाषा कौशल क नमूना है। इसी

प्रकार वे विद्यालय के बच्चों के परिधान के बारे में कहते हैं कि- 'कॉलिज के हर औसत विद्यार्थी की तरह यह लड़का भी पोशाक के मामले में बेतकल्लुफ था। इस वक्त वह नंगे पांव, एक ऐसे धारीदार कपड़े का मैला पायजामा पहने हुए खड़ा था, जिसे शहर वाले प्रायः स्लीपिंग सूट के लिए इस्तेमाल करते हैं। वह गहरे कत्थई रंग की मोटी कमीज पहने था, जिसके बटन टूटे थे। सिर पर रूखे और कड़े बाल थे। चेहरा बिना धुला हुआ और आंखे गिचपिची थीं। देखते ही लगता था, वह किसी प्रोपेगैंडा के चक्कर में फंसकर कालिज की ओर भाग आया है।'

इसमें गांव के स्कूल में पढ़ने वाले छात्र का चित्र लेखक ने प्रस्तुत किया है। 'औसत विद्यार्थी' और उसकी वेश-भूषा दोनों का संयोजन कर लेखक ने हमारे प्राथमिक विद्यालयों की पोल खोली है। मैला पायजामा, कत्थई रंग की मोटी कमीज, गिचपिची आंखें ये सभी विशेषण हमारे ग्राम्य जीवन के यथार्थ को अभिव्यक्त करते हैं। और अंत में कथाकार जब यह कहता है कि- 'देखते ही लगता था, वह किसी प्रोपेगैंडा के चक्कर में फंसकर कॉलिज की ओर भाग आया है।' तब लेखक हमारे सर्व शिक्षा अभियान की पोल खोलता है। वह बच्चा विद्यालय आया नहीं, भाग आया है। यहां लेखक का जोर प्रोपेगैंडा पर है।

'इसके बाद वार्ता में गतिरोध पैदा हो गया। मदारी, जहन्नुम में जाने के बजाय वहीं पर जोर-जोर से गाने लगा था और उसकी डुगडुगी अब एक नयी ताल पर बज रही थी।'

लेखक का यह वक्तव्य एक वार्ता के दौरान आता है। पर व्यंग्यात्मक भाषा को और अधिक प्रभावोत्पादक बनाने के लिए लेखक ने देशज शब्दों, वाक्यों, मुहावरों और गालियों का प्रयोग कर भाषा की अभिव्यक्ति क्षमता में वृद्धि की है। इस उपन्यास की भाषा में अवधी के शब्दों का प्रयोग भी देखने को मिलता है। 'इसी तमीज से वाइस प्रिंसिपली कीजिएगा। भइया, यहै हालु रही तौ वाइस प्रिंसिपली तो अपने घर रही, पार साल की जुलाई माँ डगर घूमयौ।'

ऐसे वाक्यों का प्रयोग लेखक ने अत्यन्त सहज रूप में किया है। प्रिंसिपल जब भी नाराज होते हैं तो अवधी बोलने लगते हैं। लारी लप्पा, लारी लप्पा, चोखा काम- चोखा दाम, पालिटिक्स भिड़ाते हैं, बहराम चोट्टा भी कोई चोट्टा था, कभी न उखड़ने वाले गवाह-कभी न चूकने वाले मर्द, क्या आजकल के चोट्टे सचमुच ही ऐसे तीसमार खाँ? जैसे लोक प्रचलित वाक्यों का प्रयोग उपन्यास की भाषा को जीवन्तता प्रदान करते हैं। इसके साथ-ही-साथ लोक प्रचलित उक्तियों का प्रयोग उपन्यास की भाषा को विशिष्ट बनाते हैं-

'कि पुरुस बली नहिं होत है, कि समै होत बलवान।

कि भिल्लन लूटीं गोपिका, कि वहि अरजुन वहि बान।।'

ऐसे प्रयोगों से लेखक ने शिवपालगंज की कथा को मूर्त रूप में प्रस्तुत किया है। यद्यपि यह कथा शिवपालगंज की है, लेकिन भारत के अधिकांश गांवों को मूर्त रूप में प्रस्तुत करने में सक्षम है। इस तरह के मिश्रण से पाठक या आस्वादक को कठिनाई नहीं होती है। वरन् उपन्यास की संप्रेषणीयता में वृद्धि होती है। भाषाई मिश्रण की उदारता और उसका सजग

प्रयोग देखते ही बनता है। यहां उपन्यास की भाषा पर आंचलिकता हावी नहीं हुई है, वरन् भाषा प्रयोग का नया कौशल देखने को मिलता है। पूरे उपन्यास की भाषा नये प्रकार के भाषा-प्रयोग से भरी हुई है। भाषा की सर्जनात्मक और संरचनात्मक शक्ति का श्रीलाल शुक्ल ने भरपूर प्रयोग किया है। ऐसे प्रयोग के पीछे उनका अनुपम व्यक्तित्व, सूक्ष्म अध्ययन और सार्थक विश्लेषण क्षमता है। उनके द्वारा प्रयुक्त भाषा की बनावट एवं बुनावट अत्यंत संश्लिष्ट है।

'राग दरबारी' हिन्दी औपन्यासिक फलक पर व्यंग्य- उपन्यास के रूप में प्रतिष्ठित है। राग दरबारी उपन्यास की संरचना पर विचार करते हुए मधुरेश ने लिखा है कि - यहाँ वे (श्रीलाल शुक्ल) व्यंग्य और उपन्यास के दो परस्पर विरोधी अनुशासनों का तनाव झेलकर व्यंग्य-उपन्यास की संभावना उजागर करते हैं। 'राग दरबारी' अपनी संरचना में बहुत-कुछ एक ऐसे चमत्कारी झोले की तरह है, जिसमें लेखक रास्ता चलते सब कुछ उठाकर रखते चलने की छूट चाहता है। अपने समय की विद्रूपताओं के प्रति वह एक तीखी और तल्ख टिप्पणी है। 'श्रीलाल शुक्ल' के व्यंग्य में करुणा का तत्व लगभग नहीं के बराबर है। इसके बदले वे पैरोड़ी और कार्टून के अधिक निकट हैं। 'राग दरबारी' स्वाधीन भारत में सब कहीं बनते शिवगंज की सच्चाई को उसी भदेस शैली में उभारता हैं।''(हिन्दी उपन्यास का विकास, पृष्ठ-186)

भाषा और शैली की दिशा में किये गये प्रयोगों के कारण समीक्ष्य उपन्यास हिन्दी का विशिष्ट उपन्यास बन पड़ा है। व्यंग्यात्मक भाषा, यह राग प्रस्तुत करते हुए उपन्यास की भाषा में सृजनात्मकता और व्यंग्यात्मकता का अदभूत सामंजस्य स्थापित किया है।

सन्दर्भ ग्रन्थ सूचीः-

1. रागदरबारी : श्रीलाल शुक्ल
2. हिन्दी साहित्य का इतिहासः डॉ0 नगेन्द्र
3. हिन्दी उपन्यास का इतिहासः मधुरेश
4. हिन्दी उपन्यास का इतिहासः गोपाल राय
5. सामाजिक यथार्थ और कथा भाषाः अज्ञेय
6. उपन्यास का पुनर्जन्मः परमानन्द श्रीवास्तव

6

भावनात्मक सन्दर्भों का अभिनव भाषिक प्रयोगः कसप

हिन्दी उपन्यासों की परम्परा में जिन उपन्यासकारों ने औपचारिक भाषा एवं शिल्प के स्तर पर व्यापक प्रयोग किये हैं, उनमें मनोहर श्याम जोशी का नाम प्रमुखता से लिया जाता है। मनोहर श्याम जोशी के उपन्यासों में विषय-वस्तु के साथ-साथ शिल्प एवं भाषा सभी स्तरों पर नवाचार देखने को मिलता है। जैनेन्द्र की संवेदना, अज्ञेय की प्रयोगधर्मिता और रेणु जैसी भाषा की आंचलिकता मनोहर श्याम जोशी के उपन्यासों की भाषा में एक नये तरह के कथावातायन का निर्माण करते है। मनोहर श्याम जोशी के उपन्यासों की भाषा में एक नये तरह का ठसक और देशीपन देखने को मिलता है। इनके प्रमुख उपन्यास है- कुरु-कुरु स्वाहा, कसप, हरिया-हरकुलिस की हैरानी और हमजाद। 'कुरु-कुरु स्वाहा' से मनोहर श्याम जोशी उपन्यास लेखन की ओर आए। यह एक प्रयोगशील उपन्यास है। अपने व्यापक प्रयोगशीलता के कारण यह उपन्यास बहुत चर्चित हुआ। अपनी प्रयोगशीलता के कारण रचनाकार उपन्यास के स्वीकृत और उपलब्ध ढाँचें को तोड़कर नये तरह के अंदाज में अपनी कथावस्तु को प्रस्तुत करता है।

मनोहर श्याम जोशी अपने व्यक्तित्व एवं कृतित्व दोनों मिलाकर अपने कथा साहित्य को एक नये कलेवर में ढालते हैं। 'कसप' आपके द्वारा रचित दूसरा महत्वपूर्ण उपन्यास है। इसकी पृष्ठभूमि कुमाऊँनी जीवन स्थितियाँ है। 'कसप' मूलतः एक प्रेमकथा के रूप में लिखित उपन्यास है। एक प्रेमकथा के साथ-साथ इसमें एक युवक के जीवन के अनेकानेक संघर्षों को भी स्थान दिया गया है। कुमाऊँनी पृष्ठभूमि पर लिखित इस उपन्यास में भाषा एवं शिल्प संबंधी नवीनता देखने को मिलती है। भाषा में कुमाऊँनी अंचल की भाषा को उपन्यासकार मुखरता से अपनाया है, कहीं - कहीं शब्दों के अर्थ भी दिये गए हैं, जिससे कथा के आस्वादन में पाठक को व्यवधान ना हो। उपन्यास के आरम्भ में ही जोशी जी ने अपना

वक्तव्य देकर भाषा सम्बन्धी प्रयोगों का संकेत दे दिया है:-

''उपन्यास में जहाँ भी कुमाऊँनी शब्दों का प्रयोग हुआ है, उनका अर्थ वहीं दे दिया गया है। इसमें कुछ संवादों में जो कुमाऊँनी हिन्दी प्रयुक्त हुई है, वह पाठक को थोड़े अभ्यास से स्वयं समझ में आ जायेगी। यह हिन्दी, कुमाऊँनी का ज्यों-का-त्यों अनुवाद करते चलने से बनती है और कुमाँऊ में इसी का आमतौर से व्यवहार होता है।[1]

उपन्यास के आरम्भ में कथाकार भाषा के प्रति अपना आग्रह स्पष्ट कर देता है। आंचलिक भाषाई कलेवर में प्रस्तुत प्रेमकथा को रचनाकार ने समग्रता में प्रस्तुत किया है। भाषा एवं संवाद में अभिनव प्रयोग के साथ-साथ कथा संप्रेषण की परम्परागत शैली का प्रयोग भी इस उपन्यास में देखने को मिलता है।

'कसप' उपन्यास का शीर्षक, कुमाऊँनी भाषा का शब्द है, जिसका अर्थ है- 'क्या जाने'। यह बहुत ही दार्शनिक एवं चुनौती पूर्ण शब्द है। क्या जाने या तुम स्वयं बूझो। यह उपन्यास की विषय-वस्तु के अनुरूप रचनाकार ने शीर्षक का चयन किया है। यह शीर्षक अपने -आप मे विचित्र है। विचित्र होने के साथ-साथ लाक्षणिक भी है। जो विषय-वस्तु के अनुरूप है और पाठक या आस्वादक को उपन्यास पढ़ने के लिए प्रेरित करता है। समय-समय पर लेखक, स्वयं पाठकों के समक्ष प्रस्तुत होकर रचनात्मक और संप्रेषण को प्रभावी बना देता है।

'कसप' देशीपन अंदाज में प्रस्तुत मध्यवर्गीय घरेलू जीवन में घटित प्रेम कथा है। इस उपन्यास के सन्दर्भ में आचार्य परमानन्द श्रीवास्तव का कथन है- ''किशोर प्रणय कथा का ऐसा सर्जनात्मक उपयोग तुर्मनेव जैसे लेखकों के रचनात्मक मानस की याद दिलाता है। 'बेबी' जैसी नायिका (खिलन्दड़-कलड़कैंधी) हिन्दी कथा साहित्य के अविस्मरणीय चरित्रों में गिनी जायेगी। डी0डी0 का लाटापन व्यक्तित्व के रूप में एक अनोखा अनुभव है। कुमाऊँनी जिन्दगी के खास स्थानिक आंचलिक परिवेश में इनकी उपस्थिति एक विलक्षण प्रसंग हैं कसप कर प्रयोगधर्मिता बांधती है।[2](आंचलिक रंग में जीवित एक प्रेमकथा के बहाने)।

'कसप' की प्रयोगधर्मिता उसके देशीपन में निहित है। अंचल के चटक रंगों को कथा फलक पर उभारने के निमित्त जिस भाषा की आवश्यकता थी, उसे कथाकार ने बखूबी गढ़ा है। भाषा में सामाजिक सन्दर्भों एवं परिवेश का विशेष निर्वाह देखने को मिलता है। रचनाकार प्रेमकथा प्रस्तुत करते हुए प्रेम के वैज्ञानिक सूत्रों को तलाशता है, लेकिन वह पाता है कि प्रेम विशुद्ध मन का विषय है- ''अगर भावनाओं के वैज्ञानिक सूत्र बन गये होते, अगर भावनाओं का जैव रसायन स्पष्ट हो चुका होता, या अगर आप और मैं मान चुके होते मन से कि प्रेम को वही जानता है जो समझ गया है कि प्रेम समझा नहीं जा सकता, तो मुझे यह सब झंझट नही करना होता। सचमुच ढाई आखर से काम चल जाता।[3]

वास्तविकता यही है कि प्रेम को न तो समझा जा सकता है, न ही उसके सूत्र तलाशे जा सकते हैं। यह एक अमूर्त भावना है, जिसे ढाई आखर में तो कह सकते हैं, लेकिन इस भाव की गहराई को अभिव्यक्त करना अत्यन्त कठिन है। नायक-नायिका का प्रेम एक आंचलिक

परिवेश में पनपता है, लेकिन इसका प्रसार निरन्तर व्यापक होता जाता है। नायक फिल्म की दुनिया से है इसका प्रभाव उपन्यास की भाषा में देखने को मिलता है। हमारा नायक इसी ऊहापोह में कि दूसरा सीन शुरू होता है। इतने में दबे-पाँव आयी है कोई कि आहट तभी हुई जब वह एक सीढ़ी ही ऊपर थी। नायक ने पलटकर एक झलक देखी है और फिर झटपट क्षितिज निहारने में जुट गया है मानों यही उसका पुश्तैनी पेशा हो। आगे नायक-नायिका का संवाद होता है-

''चहा।''

''रख दीजिए।''

''रख दी। पी लो।''

''पी लूँगा।''

''कब।''

''थोड़ी देर में।''

''ठण्डी हो जायेगी।''

''मैं गरमागरम पीता भी नही।''

''फूँक मारकर ठण्डी कर दूँ भाऊ?''4

इतने वार्तालाप के पश्चात नायिका नायक के पास बैठ जाती है। उक्त संवाद में 'चहा (चाय)' एवं 'भाऊ (बच्चे)' देशी शब्द हैं। जहाँ भाव गहरे होते है वहां भाषा अपने आप ही अपने मूल रूप में आ जाती है। ऐसे उदाहरण उपन्यास में सर्वत्र देखने को मिलते हैं। उपन्यास की कहानी हिल-स्टेशन नैनीताल में शुरू होती है। जो क्रमशः बम्बई, बरेली होते हुए अल्मोड़ा तक पहुँचती है।

औपन्यासिक भाषा की सबसे बड़ी विशेषता यह है कि वह उस परिवेश को कितने समर्थ रूप से प्रस्तुत कर रही है। मनोहर श्याम जोशी ने इस उपन्यास में शब्दों के माध्यम से परिवेश का पाठक के समक्ष मूर्त रूप में प्रस्तुत कर देता है- ''ट्रेन दिल्ली जा रही है। बगैर रिजर्वेशन है डी0डी0। सीट पर नहीं, अपने ही सामान पर बैठा हुआ है वह। दरवाजे के पास। खिड़की के बाहर झांकते हुए। सैरे दौड़ते हुए आते हैं उससे मिलने, दौड़ते हुए पीछे छोड़ जाता है। वह सैरो को। उसकी एक मंजिल है, जो मंजिल नही हैं, पड़ाव है। वह बम्बई जा रहा है, घर नही।5

उपन्यास के माध्यम से रचनाकार जीवन का व्यापक चित्र प्रस्तुत करता है। जिसमें अन्तः एवं बाह्य जगत का चित्रण दृष्टिगत होता है। दिल्ली जाते हुए रचनाकार ने डी0डी0 का जो चित्र प्रस्तुत किया है, उसमें डी0डी0 की मनः स्थिति का भी चित्र देखने को मिलता है। ''वर्षो-वर्षो बैठा रहूँगा में इसी तरह इस गाड़ी में जिसका नाम आकांक्षा है। वर्षो-वर्षो अपनी ही पोटली पर, मैले फर्श, दुखते कूल्हों, सो जाती टाँगो पर बैठा रहूँगा मैं। संघर्ष का टिकट मेरे पास होगा, सुविधा का रिजर्वेशन नहीं।6

जीवन के विस्तृत चित्र का दायरा मनुष्य के अन्तः मन से गुजरता है। संघर्ष का टिकट होना और सुविधा का रिजर्वेशन न होना, डी0डी0 की मनःस्थिति को सम्प्रेषित करता है। नायक के मन में नायिका के प्रति अगाध आकर्षण है। इसी आकर्षण की आकांक्षा में वह वर्षो-वर्ष बैठे रहने और नायिका के योग्य बनने की जिद् में है। जिसे मनोहर श्याम जोशी ने शब्दों के माध्यम से मूर्त किया है।

लोक एवं अंचल की कथा को प्रस्तुत करते हुए हिन्दी उपन्यास में शिल्प एवं भाषा में विविध प्रयोग देखने को मिलता है। भाषा के माध्यम से अंचल के यथार्थ को संप्रेषित करने के निमित्त हिन्दी कथा साहित्य में आंचलिक प्रविधि एवं भाषा का प्रयोग देखने को मिलता हैं। इस भाषा प्रयोग की परम्परा का आरम्भ व्यापक स्तर पर आंचलिक कथाकार फणीश्वर नाथ रेणु ने किया। आंचलिक प्रविधि का प्रयोग ऐसे उपन्यासों में भी देखने को मिलता है, जिसे हम आंचलिक उपन्यास की श्रेणी में नही रख सकते हैं। 'कसप' में मनोहर श्याम जोशी ने भी कुमाउँनी अंचल की कथा को प्रस्तुत करते हुए आंचलिक प्रविधि का प्रयोग किया है।

किसी भी अंचल की विशेषता उस अंचल के रीति-रिवाजों एवं भाषा में ही रचती-बसती है। मनोहर श्याम जोशी ने 'कसप' उपन्यास की भाषा में कुमाउँनी शब्दों का प्रयोग बहुतायत से किया है। समीक्ष्य उपन्यास में ऐसे भी उदाहरण देखने को मिलते हैं, जिनमें पारम्परिक रिवाजों का वर्णन करते हुए कुमाउँनी और हिन्दी हिल-मिल गयी है।

'बारात को विदा करने के बाद जब घराती लोग 'कुँवर-कलेवा' के लिए बनाये गये पूरी सिंगल-गुटके-रायता-चटनी को लंच का दर्जा दे रहे थे तब बेबी ने डी0डी0 को एक पूरी दी।[7]

उपरोक्त पंक्तियों में प्रयुक्त शब्दों कुँवर-कलेवा (शादी की अगली सुबह दिया जाने वाला भोज) सिंगल (सूजी की जलेबी नुमा पकवान), गुटके (आलू की सूखी सब्जी) का अर्थ जोशी जी नीचे पाद-टिप्पणी के माध्यम से स्पष्ट करते है। भाषा संबधी ऐसे प्रयोग विषय-वस्तु के सम्प्रेषण का अभिन्न अंग बनकर इस उपन्यास में प्रयुक्त हुए हैं। कुँवर-कलेवा का सन्दर्भ उस अंचल की संस्कृति का हिस्सा है, जो इस उपन्यास का अभिन्न अंग है। इन्हीं सन्दर्भों को दृष्टि में रखते हुए रामविलास शर्मा ने लिखा हैं कि- ''भाषा स्वयं संस्कृति नही है, वह संस्कृति का वाहन मात्र है।[8]

अंचल या लोक की जीवन्तता वहाँ के रिवाजों और गीतों में बसती है। हास-परिहास वैवाहिक कार्यक्रमों का अभिन्न अंग है। जो सर्वाधिक लोकगीतों में दृष्टिगत होती है। अंचल की परम्परा को जीवन्तता प्रदान करते हुए कथाकार ने लोक परम्पराओं और लोकगीतों को भी इस उपन्यास में बखूबी पिरोया है-

'तेरो जूठो मैं नी खाँछ्यूँ,

माया ने खवायौ सुआ।'

तेरा जूठा मैं नहीं खाता,

प्रीत ने खिलवा दिया, सुग्गी!' [9]

यह एक कुमाऊँनी गीत है। जो नायक विवाह में आयोजित होने वाली संगीत मण्डली में अपनी नायिका को सुना रहा है। जिसका अर्थ है तेरा जूठा मैं न खाता लेकिन तेरी प्रीति और माया ने मुझे खिला दिया। इस उपन्यास में ऐसे प्रसंग पाठक या आस्वादक को कहीं भी खटकते नहीं, कहीं-कहीं कथाकार ने अर्थ संकेत देकर अर्थ स्पष्ट किया है तो कहीं-कहीं कथा-प्रसंग के अनुसार पाठक आसानी से उस भाव को समझ जाता है।

'कसप' एक मध्यवर्गीय जीवन की कथा है। मूलतः मध्यवर्गीय जीवन का प्रेम और उसकी विडम्बना को कथाकार ने बखूबी प्रस्तुत किया है। भावनाओं का उतार-चढ़ाव प्रेमी जीवन का अनिवार्य अंग है। 'कसप' इसका माध्यम से जीवन्त कर दिया है-

पाँगर के पेड़-तले नायिका नायक को पकड़ लेती है।

"कहाँ जा रहा डी0डी0?"

नायक धुएँ का एक छल्ला बनाता है।

"खूब रिसा रहा ना मुझसे?"

नायक धुएँ का और छल्ला बनाता है। वह नायिका की ओर नही देख रहा है। उसकी दृष्टि पाँगर के पत्त के पार आसमान में कुछ खोज रही है।

"मुझे मार।"

"क्यों?"

"रीस निकल जायेगी।"

मुझे गुस्सा नही है।

"झूठ।"

"हो भी तो मार-पीट थोड़ी की जाती है।"

"की जाती है मैं तो इसीलिए हँस रही थी कि तू नही करता डाँटो, झगड़ों, मारो खाली रोना क्या हुआ?"

"मैं कौन होता हूँ किसी से झगड़ सकने वाला?"[10]

नायक-नायिका का उपरोक्त संवाद उनके बीच के संबधों को अभिव्यक्त करने में सर्वथा समर्थ हैं। भावों और संवेदनाओं को मूर्त रूप में हमारे समक्ष ये संवाद प्रस्तुत करते हैं। 'रीस' शब्द देशज भाषा का है।

दार्शनिकता भारतीय जीवन पद्धति का अनिवार्य अंग है। प्रेम - संवेदना जीवन के उतार-चढ़ाव का अभिन्न अंग है। भारतीय परम्परा में 'विरह को प्रेम की जागृत अवस्था है' की मान्यता प्रचलित है। सीमक्ष्य उपन्यास में भी प्रेमातिरेक के साथ-साथ विरह की अवस्थाओं का अंकन भी देखने को मिलता है। एक लम्बे अन्तराल के पश्चात् अचानक से एक-दूसरे से रूबरू होते हैं तो उनकी मनोदशा देखते ही बनती है। दार्शनिकता और मनोवैज्ञानिकता हमारे नायक-नायिका के कार्य-व्यापारों में दृष्टिगत होती है। नायक और गुलनार का संवाद जीवन के मानसिक आलोड़न-विलोड़न को हम निम्नलिखित पंक्तियों में देख सकते हैं-

"प्यार लिप्सा और वर्जना के खानों पर जमाने-भर के मोहरों से खेली जाने वाली शतरंज है। अन्तरंगता खेल नही है, उसमें कोई जीत-हार नही है, आरम्भ और अन्त नहीं है। प्यार एक प्रक्रिया है, अन्तरंगता एक अवस्था।[11]

प्रेम एक प्रक्रिया है, जो सतत् चलती रहती है, यह एक प्रतिबद्धता है, जिसे हम मूर्त या अमूर्त रूप से अपने व्यक्तित्व में समाहित किय हुए हैं। समय के प्रवाह में डी0डी0 फिल्म दिग्दर्शक देवीदत्त है और बेबी श्रीमती मैत्रेयी मिश्रा हो जाती है। दोनों एक-दूसरे समक्ष हैं- दिग्दर्शक देवीदत्त और कला संरक्षिका मैत्रेयी आमने सामने हैं। मैत्रेयी, बेबी का ही परिष्कृत संस्करण है यह देख रहा है डी0डी0। कुमाऊँनी के वार्तालाप अब अंग्रेजी में हो रहे हैं- "मिस्टर देवीदत्त तिवारी आई प्रिज्यूम।"

प्रत्युत्तर में डी0डी0 कहता है- "एण्ड वुड आई बो टू प्रिजम्यूअ विलीविंग दैट यू आर मिसेज मैत्रेयी मिश्रा, फार्मरली नोन एज बेबी?"[12]

भावनात्मक परिष्कार दोनों में उम्र के साथ देखने को मिलता है। अब उम्र का पागलपन एवं अल्हड़पन जा रहा है। एक परिष्कृत दार्शनिकता ने देवीदत्ता के व्यक्तित्व को आच्छादित कर लिया है। यह एक सहृदय कथाकार का रचनात्मक कौशल है, जो परिस्थितियों के अनुरूप भाषा एवं भावों को बड़े ही समर्थ रूप से सम्प्रेषित करता हैः-

"पता नही और भी क्या-क्या है जो उसे काट रहा है, गंगोलीहाट में घूमते हुए। एक तो अपना अतीत, दूसरा गंगोली का वर्तमान और तीसरा यह तथ्य कि सक्सेना साहेब के मुकाबले वह गंगोलीहाट के विषय में अज्ञानी हो चला है। इस बीच वह -कुछ भी कहता है, वे गलती निकालते हैं। चौथी चीज जो उसक काट रही है एक जीन सिम्मंसनुमा किशोरी की उपस्थिति।[13]

यह नायक के अन्तः मनोविज्ञान का ही प्रभाव है कि जो स्थितियाँ उसके लिए प्रीतिकर थीं, वह उसे बेचैन करती हैं। नायक उस परिवेश में पहुँचकर विह्वल हो जाता है? और रूदन करता है। एक ऐसा रूदन जो न तो उसके जीवन में कभी देखने को मिला और ना ही इस उपन्यास में नायक अपने परिवेश से बेपरवाह होकर अपने भाव जगत में लीन है- "डी0 डी0 रो रहा है। अपने अमेरिका प्रवास में वह कभी नहीं रोया। उदासी भगाने की गोलियाँ जरूर खायी। खैर जिस तरह वह रो रहा है, उस तरह तो सच पूछिए कभी नही रोया पहले। बचपन तक में वह बीच-बीच में रूक नहीं रहा है कि कोई आये, मनाये, पूछे क्या बात है, क्या चाहिए? विलक्षण निरन्तरता, एकाग्रता है इस रूदन में[14]

'कसप' उपन्यास का अन्त इस रूदन के कारण जानने की चेष्टा में होता है। कथाकार के मन में अनेक प्रश्न-प्रतिप्रश्न आते हैं और जाते हैं और अन्ततः यह सुधी पाठकों के विवेक पर छोड़ देता है। 'कसप' के माध्यम ये एक मध्यवर्गीय युवक-युवती के प्रगाढ़ प्रेम को जोशी जी ने प्रस्तुत किया है। मध्यवर्गीय युवक की चिन्ता एक ओर उसका कैरियर है तो दूसरी ओर उसकी आशा और आकांक्षा। नायक का रूदन उन्हीं व्यक्तिगत आकांक्षा का रूदन है।

मनोहर श्याम जोशी उत्तर आधुनिक समय के कथाकार हैं। 'कसप' उपन्यास में भाषा के स्तर पर जोशी जी ने जो नवाचार किया है वह जैनेन्द्र, अज्ञेय, रेणु, श्रीलाल शुक्ल जैसे रचनाकारों की परम्परा का विकास है। विवेच्य उपन्यास में भाषा के व्यवहारिक पक्षों को कथावस्तु के अनुरूप प्रस्तुत किया है। भाषिक अधिग्रहण के रूप में जोशी जी ने संस्कृतनिष्ठ भाषा के साथ-साथ, देशज, कुमाँऊनी, अंग्रेजी एवं अरबी-फारसी के शब्दों का प्रयोग यथावश्यक देखने को मिलता है। 'कसप' उपन्यास की विशिष्टता के सन्दर्भ में मधुरेश का कथन है- ''कसप'' में मनोहर श्याम जोशी ने कुमांयू के मध्यवर्गीय समाज को उसके सारे आकर्षण और अन्तर्विरोधों के साथ अंकित किया है।[15]

मध्यवर्गीय समाज के आकर्षण और अन्तर्विरोधो को अंकित करते हुए कथाकार की भाषा की अन्तर्विरोधो का सामंजस्य स्थापित करते हुए आगे बढ़ती है। एक औपन्यासिक भाषा जिसमें अंचल की महक के साथ-साथ लाक्षणिकता, संस्कृत निष्ठता, दार्शनिकता के साथ-साथ भावों एवं परिवेश का मूर्त एवं अमूर्त चित्रण भी देखने को मिलता है।

कसप : मनोहर श्याम जोशी, पृष्ठ - 07

1. उपन्यास का पुनर्जन्मः परमानन्द श्रीवास्तव, पृष्ठ - 163

2. कसप : मनोहर श्याम जोशी, पृष्ठ - 25

3. कसप : मनोहर श्याम जोशी, पृष्ठ - 17

4. कसप : मनोहर श्याम जोशी, पृष्ठ - 77

5. कसप : मनोहर श्याम जोशी, पृष्ठ - 77

6. कसप : मनोहर श्याम जोशी, पृष्ठ -21

7. भाषा और समाजः राम विलास शर्मा, पृष्ठ - 407

8. कसप : मनोहर श्याम जोशी, पृष्ठ - 22

9. कसप : मनोहर श्याम जोशी, पृष्ठ - 44

10. कसप : मनोहर श्याम जोशी, पृष्ठ - 161

11. कसप : मनोहर श्याम जोशी, पृष्ठ - 297

12. कसप : मनोहर श्याम जोशी, पृष्ठ - 300

13. कसप : मनोहर श्याम जोशी, पृष्ठ - 308

14. हिन्दी उपन्यास का विकासः मधुरेश, पृष्ठ - 197

सन्दर्भ ग्रन्थः-

1. कसप : मनोहर श्याम जोशी, राजकमल प्रकाशन, 2019

2. हिन्दी उपन्यास का इतिहासः गोपाल राय, राजकमल प्रकाशन, 2005

3. हिन्दी उपन्यास का विकासः मधुरेश, सुमित प्रकाशन, 2001

4. उपन्यास का पुनर्जन्मः परमानन्द श्रीवास्तव, वाणी प्रकाशन, 1995

5. भाषा एवं समाजः राम विलास शर्मा, राजकमल प्रकाशन, 2002

7

पथरीला सोना: प्रवासी भारतीयों के इतिहासबोध और पीड़ाबोध का आख्यान

संवेदना साहित्य सृजन का आधार है। साहित्यकार की संवेदना ही उसे सृजन के लिए प्रेरित करती है । संवेदना को गहनता से महसूस करना और उसे शब्दों के माध्यम से रूपायित कर देना ही साहित्य की उपलब्धि है। इस दृष्टि से रामदेव धुरंधर द्वारा रचित पथरीला सोना हिन्दी साहित्य की विशिष्ट कृति है पथरीला सोना के माध्यम से रामदेव धुरंधर ने प्रवासियों की पीड़ा और वेदना को बहुत ही भावपूर्ण ढंग से हमारे समक्ष प्रस्तुत किया है।भावनात्मकता और आक्रोश जो समन्वय इस उपन्यास में सर्वत्र देखने को मिलता है । पथरीला सोना में लेखक ने कुदाल से कलम तक की यात्रा को जीवन्त रूप में प्रस्तुत किया है । रचनाधर्मिता के प्रति प्रतिबद्ध होना रामदेव की अन्यतम विशेषता है । इस उपन्यास में कथाकार का व्यक्तिगत जीवन विषय वस्तु के साथ घुल-मिलकर कथा फलक पर उभरा है । जो कुछ भी देखा ,भोगा और जीया उसे जस का तस हमारे समक्ष प्रस्तुत कर दिया है।

वर्तमान समय में वैश्विक स्तर पर हिन्दी भाषा में अध्ययन अध्यापन के साथ जीवन के विविध क्षेत्रों में हो रहा है। वैश्विक स्तर पर हिन्दी को पहचान दिलाने का श्रेय हिन्दी क्षेत्र के प्रवासियों को है, जिन्होंने अपने परिवेष, माटी और भाषा के प्रति अपना अनुराग अनेकों वर्षों के प्रवास के बाद भी बनाये रखा है। आज हिन्दी जिस रूप में भारत और भारत के बाहर में बोली और समझी जा रही है, उस रूप में हिन्दी को ढालने का कार्य भारतेन्दु हरिशन्द्र ने किया। खड़ी बोली हिन्दी को हिन्दी भाषा के रूप में प्रतिष्ठित करते हुए भारतेन्दु हरिश्चन्द्र ने अपनी पुस्तक कालचक्र (1873) में लिखा है- 'हिन्दी नई चाल में ढली।' यहॉ से हिन्दी भाषा को एक नया आकार मिला। हिन्दी भाषा के साथ-साथ हिन्दी साहित्य में भी वैविध्यपूर्ण लेखन आरम्भ हुए।

साहित्यिक धरातल पर हिन्दी में अब तक बहुतायत मात्रा में काव्य लेख नही हो रहा था लेकिन आधुनिक काल में काव्य लेखन को साथ-साथ साहित्य की अन्य विधाओं में भी लेखन आरम्भ हुआ। निबन्ध, नाटक, कहानी, उपन्यास के साथ-साथ उन्या प्रकीर्ण विधाओं में लेखन का आरम्भ हुआ, जिसका विकास परवर्ती कालों में देखा जा सकता है। हिन्दी भाषा और साहित्य को विविध साहित्यिक विधाओं के माध्यम से जीवन और जगत का व्यापक संस्पर्ष मिला। हिन्दी के कथाकारों ने व्यापक सामाजिक यथार्थ के अंकन की दिषा में महत्वपूर्ण कार्य किया।

हिन्दी साहित्य की आधुनिक विधाओं में उपन्यास साहित्य को व्यापक यथार्थ का संस्पर्ष मिला हुआ है। भाव, भाषा एवं षिल्प सभी दृष्टियों से हिन्दी उपन्यास साहित्य में विविधता देखने को मिलती है। आधुनिक काल में खड़ी बोली हिन्दी के साहित्यिक रूप की प्रतिष्ठा के साथ-साथ साहित्य की विविध-विधाओं में लेखन आरम्भ हुआ। इसमें सबसे व्यापक आधार उपन्यास साहित्य को मिला। उपन्यास सम्राट प्रेमचन्द ने व्यापक सामाजिक यथार्थ को आधार बनाकर कथा साहित्य लेखन का कार्य किया। हिन्दी कथा साहित्य को भाव एवं भाषा दोनां स्तरों पर सहजता प्रदान करने की दिषा में प्रेमचन्द का महत्वपूर्ण योगदान है। प्रेमचन्द सामाजिक यथार्थ को जस का तस प्रस्तुत करने वाले कथाकार हैं। इसी कारण उन्हें उपन्यास सम्राट भी कहा जाता है। हिन्दी साहित्य के परवर्ती सभी उपन्यासकार किसी न किसी रूप में प्रेमचन्द से अवष्य प्रभावित हुए।

सामाजिक यथार्थ के अंकन की जिस परम्परा का आरम्भ प्रेमचन्द ने किया था, उसे आगे ले जाने का कार्य हिन्दी के अनेक कथाकारों ने किया। इस परम्परा में - यषपाल, अमृतलाल नागर, चतुरसेनषास्त्री, वृन्दावनलालवर्मा, षिवपूजन सहाय, विष्वंभनाथ शर्मा कौषिक, आदि ने किया। भारतीय स्वाधीनता आन्दोलन के समय और स्वाधीनता के बाद खड़ी बोली हिन्दी के अपने वैष्विक पहचान मिली। हिन्दी भाषा के इस वैष्विक प्रसार में भारत के श्रमिकों और उन लोगों का विषेष योगदान रहा जिन्होंने प्रवासी होकर भी अपनी भाषा और संस्कृति का साथ नहीं छोड़ा। दुनिया ने कोने-कोने में पीढ़ीयों से बसे भारतीयों का अपनी भाषा और संस्कृति के प्रति अनुराग देखते ही बनता है। इन प्रवासियों द्वारा हिन्दी साहित्य को भी समृद्धि प्रदान करने की दिषा में विषेष कार्य किया गया।

रामदेव धुरंधर जीवन जगत की वास्तविकताओं को यथातथ्य प्रस्तुत वाले विषिष्ट रचनाकार हैं। भारतीय सांस्कृतिक परम्परा के संवाहक के रूप में प्रवासी भारतीयों के योगार को भूलना संभव नहीं हैं। इसी परम्परा में रामदेव धुरंधर जी ने अपने लेखन के माध्यम से प्रवासी जीवन के यथार्थ और संघर्षों को बखूबी अपने कथा फलक पर उभारा है। आपका रचना संसार व्यापक ओर विस्तृत है।

उनकी प्रकाषित कृतियॉ हैं। चेहरों का आदमी, छोटी मछली-बड़ी मछली, पूछो इस माटी से, बनते-बिगड़ते रिष्ते, पथरीला सोना (उपन्यास), विष-मंथन, जन्म की एक भूल (कहानी) कलजुगी धरम, चेहरों के झमेले, पापी स्वर्ग, बंदे आगे भी देख (व्यंग्य संग्रह) चेहरे

मेरे तुम्हारे, यात्रा साथ-साथ, एक धरती एक आकाष, आते-जाते लोग (लधु कथा संग्रह) आदि ऋषि और भगवान, आह्वान, कहीं-अनकहीं, चंदनी स्पर्ष, मेरा वह महात्मा, रिहा, सत्जुग भी, कल्जुग भी, सोना और सोनी, हम दोनों (लोक कथा संग्रह)। रामदेव धुरंधर जी का जीवनानुभव उनके साहित्य में प्रतिबिम्बित होता है। उनके साहित्यिक योगदानों के लिए उन्हें हिन्दी भाषा उन्नयन सम्मान (सरोज संध मारिषस), दुष्यंत कुमार स्मारक सम्मान (दुष्यंत कुमार संग्राहालय भोपाल), विष्व हिन्दी रत्न (आधाषीला विष्व हिन्दी मिषन, नैनीताल), हजारी प्रसाद द्विवेदी सम्मान (आधारषिला प्रकाषन, नैनीताल) मिला है।

इसके अतिरिक्त आपके लेख एवं रचनायें वैष्विक स्तर की पत्र-पत्रिकाओं में भी प्रकाषित होते रहे हैं। पथरीला सोना आपके द्वारा रचित विषिष्ट उपन्यास है, जिसमें प्रवासी मजदूरों की संघर्ष गाथा को बहुत ही तल्ख रूप में उभारा गया है। गहन और दीर्घ रात के अँधेरे से उभरती जीवन की स्थितियों का अंकन इस उपन्यास की विषेषता है। संवेदना, पीड़ा, करूणा, के गहनतर स्तरों को जीने ओर उस अनुभूति को संजोने की दृष्टि से यह कृति अन्यतम है। 180 वर्षों के परिवर्तन को समग्रता में प्रस्तुत करना कठिन रचनाधर्म था, जिसे रामदेव धुरंधर जी ने बखूबी निभाया है। बिना अपने स्वास्थ्य की परवाह किये आपने 180 बर्षों की यात्रा को संजोना अपने आप में विषिष्ट है। आपने पथरीला सोना की भूमिका में लिखा है- मेरी पत्नी देवरानी पथरीला सोना उपन्यास मेरे लेखन की एक खास गवाह है। उसका सहयोग मुझे न मिलता तो सायद मैं अपने मारिसस के 180 वर्षों की साहित्यिक यात्रा में अपने को इतनी व्यापकता में समर्पित ना कर पाता। रात को वह जब भी जगी तो मुझे लिखते ही देखा। मेरे स्वास्थ्य को लेकर उसे बहुत चिन्ता हो गई थी। मैं अपनी पत्नी के कटघरे को स्वाकार करता हूँ, इस कृति में बार-बार, बर्षा आद्यंत लगकर मैंने अपने सवास्थ्य का बहुत क्षय किया है। वह हर हाल में चाहती थीं मैं इससे मुक्त होंऊ, पर मैं जानता हूँ न तब भी मेरी मुक्ति थी, और न आज मेरी मुक्ति है।

अपनी रचना धर्मिता के प्रति इतनी प्रतिबद्धता विरले ही देखने को मिलती है। रचना धर्मिता के प्रति अपनी इसी सजगता और समर्पण के कारण आपका यह उपन्यास इतना विषिष्ट बन पड़ा है। जो देष अपने सीने पर पत्थरों का बोझ उगाये निस्पंद पड़ा हुआ था, भारतीयों ने कुदाल से स्पंदित किया ओर इसके माथे पर लिखा तुम्हें उर्वर होना है।

रामदेव धुरंधर द्वारा रचित पथरीला सोना (छह खण्ड) उपन्यास संघर्षों की एक महागाथा है। इस उपन्यास में 1834 से 2014 तक के लम्बे काल खण्ड के संघर्ष, पीड़ा और यथार्थ का चित्र देखने को मिलता है। उपन्यासकार स्वयं उस संघर्ष का हिस्सा रहा है इसी कारण कथा में व्यापक मार्मिकता और यथार्थ की धार देखने को मिलती है। उपन्यास के आरम्भ में अपना समर्पण प्रेषित करते हुए कथाकार ने जो पंक्तियाँ लिखी है, उससे ही पाठक या आस्वादक औपन्यासिक यथार्थ के ताप को महसूस कर सकता है-

'उन भारतीय मजदूरों का समर्पित, जिनकी कुदाल से मॉरिषस की अनछूई धरती पहली बार स्पंदित हुई थी।[1] यह पंक्तियाँ सहृदय को अन्दर तक स्पंदित करने वाली है। उपने लेखन ओर उसके परिवेष पर चर्चा करते हुए लिखा है कि- मॉरिषस के पूर्वी प्रांत में पड़ने वाले कारोलीन नाम के एक साधारण ग्रामांचल में जन्य पाकर मैं यहीं उम्र की साढ़ियाँ चढ़ता गया। बाद में इस जगह को छोड़ने की बाध्यता अनेकाकं बार आई, लेकिन मेरे भीतर एक अमूर्त सा संकल्प निभता चल रहा था कि रहना तो मुझे यहाँ है। मैं यही से दूर-दूर जाकर पढ़ाई करता रहा। यहीं से अन्यत्र जाकर नौकरी की और उपने इसी परिवेष में लौटता रहा।[2]

अपनी भूमि और जन्म स्थान के प्रति ममत्व रामदेव धुरंधर के व्यक्तित्व के साथ-साथ कृतिव में भी देखा जा सकता है। भाव एवं भाषा की दृष्टि से 'पथरीला सोना' आपका विषिष्ट उपन्यास है। भाव एवं भाषा का अद्भूत समन्वय विवेच्य उपन्यास में देखने को मिलता है। भाषा के स्तर पर व्यापक वैविध्य रचनाकार के जीवनानुभव का परिणाम है। धुरंधर जी ने जिस परिवेष का अंकन इस उपन्यास में किया, उव परिवेष के वे स्वयं प्रत्यक्षदर्षी तो थे ही साथ ही साथ उस जीवन को जी भी रहे थे। कथा भाषा अन्य साहित्यिक विघाओं से भिन्न होती है क्योंकि कथा साहित्य में जीवन के व्यापक चित्र और सामाजिक परिवेष को प्रस्तुति प्रदान की जाती है।

कथा साहित्य की भाषा पर विचार करते हुए अज्ञेय ने लिखा है- 'कथा साहित्य में साहित्यिक भाषा का प्रयोग नहीं चल सकता, यह बात तो उपन्यास के विकास के प्रारम्भिक युग में ही स्पष्ट हो गयी थी। लेकिन उस समय इसके निराकरण के लिए जहाँ तहाँ प्रादेषिक भाषाओं को अथवा प्रादेषिक, आंचलिक, जातिगत, व्यवसायगत अथवा वर्गगत शब्दों, मुहावरो और व्याकरणिक विभिन्नताओं को कथोपकथन में ले आना ही पर्याप्त समझा जाता था। जैसे-जैसे उपन्यास के क्षेत्र का विस्तार बढ़ा और कथा में सामाजिक परिवर्तन के सूक्ष्मतर पर्यवेक्षण की प्रवृत्ति बढ़ी वैसे-वैसे यह स्पष्ट होता गया कि ऐसे उपाय बिल्कुल नाकाफी है और समस्या के निवारण में भी महत्वपूर्ण योग दिया ओर उसे सुलझाने के अनेक सूत्र प्रस्तुत किये।[3]

पथरीला सोना में भी एक अंचल के यथार्थ को अभिव्यक्ति प्रदान की है। मॉरीषस एक छोटा सा देष है ओर उस देष में प्रवासी भारतीयों की बहुत बड़ी आबादी है। उस आबादी की पीड़ा एवं जीवन स्थितियों का अंकन उनके ऐतिहासिक परिप्रेक्ष्य में करते हुए रचनाकार की भाषा भी वैविध्यपूर्ण रूप ग्रहण करती गयी है। पथरीला सोना उपन्यास की भाषा साहित्यिक प्रतिमानों के साथ-साथ सामाकि परिप्रेक्ष्य को भी ध्यान में रखते हुए निर्मित हुई है। उपन्यास के आरम्भ में कथाकार ने लिखा है कि -''जो पक्षी शुरू से लोगों के साथ जहाज में चले आ रहे थे इन पक्षियों की मंजिल कहाँ थी? इन भारतीयों के जीवन -मरण की भाग्य-रेखा जहाँ खींची जा चूकी हो, क्या इन पक्षियों का भी उस जमीन से साक्षा होने वाला था? पर ये तो जहाज के पक्षी थे, इसलिए ये किसी मंजिल के मोहताज नहीं होते। ईष्वर ने इन्हें आकाष में फैलाने के लिए पंख दिये थे ओर धरती के हिसाब से दाना चुगने के लिए चोंच दी

थी। जहाज के पंक्षी मॉराषस मे पेड़ों पर अपना घोंसला बना लेता था लौटते हुए जहाज के मस्तूल से लग कर लौट जाते। जबकि इस मजदूरों का बसेरा न पेड़ पर होता और न लौटने के लिए जहाज का मस्तूल होता।[4]

उपरोक्त पंक्तियों के माध्यम कथाकार ने मजदूरों की नियति को संकेत कर दिया है। भाषा के माध्यम से गहन भावों को अभिव्यक्ति प्रदान करने की परम्परा हिन्दी उपन्यासों में आरम्भ से ही रही है। लहरों पर दस्तक देती जिन्दगी और उसकी पीड़ा को शब्ददृध करते हुए धुरंधर जी की भाषा शैली अधिक प्रभावी और तीक्ष्ण हो गयी है। पंक्षियों के पास उड़ने के लिए आकाष और रहने के लिए घोंसले हैं, लेकिन प्रवासियों की नियति ही कुछ और है। उपन्यास के कथ्य की ओर संकेत किया है। पथरीला सोना एक ऐसा उपन्यास है जिसमें बेघर होने की नियति के मजबूर लोगों की दषा एवं दिषा को प्रस्तुत किया गया है। लेखक जिस परिवेष का भोक्ता और दृष्टा होने के कारण उसकी भाषा में भी परिवेष नीवन्त हो उठता है। घर ओर बाहर के बीच जीवन यापन करना और उस पर पराधीनता के बोध का अंकन नये तरह की संवेदना एवं षिल्प की निर्मिति करता है। संवेदना एवं षिल्प की निर्मिति औपन्यासिक कथावस्तु एवं भाषिकी से अभिन्न रूप से जुड़ी हुई है।

'पथरीला सोना' में पराधीनता के बीच जकड़ी हुई मानवता का तल्ख चित्र प्रस्तुत किया गया है। औपनिवेषिक शासकों की मृत प्राय मनुष्यता निम्नलिखित पंक्तियों में द्रष्टव्य है- 'जहाज के अधिकारियों के खेमे में मानवता मृत थी और इन भारतीयों के खेमे में मानवता बेबस थी।

समुद्र के ज्वार-भाटे पीछे छूटे। अब लोगों के अपने अंतस में ज्वार भाटे उठने की बारी थी। जहाज में मनमानी और अमानवीयता के कांड तो बहुत रचे गए। अब सामने मं जो दृष्य दिख रहे हैं यह भी संकट, अत्याचार, उत्पीड़न और जाने -अनजाने आतंक के फफोलों से फटे प्रतीत हो रहे हैं।[5]

मानव मन के भावों में होने वाले आलोड़पन -विलोड़न के अंकन की दृष्टि से यह उपन्यास अपने आप में विषिष्ट है। बेदना और पीड़ा का संगठित रूप इस उपन्यास के माध्यम से धुरंधर जी ने जीवन्त किया है।

पथरीला सोना वास्तव में वह इतिहास है, जिसे भारतीय मजदरों ने भोग और और नए जीवन की आधारशिला रखी। उपन्यास की यात्रा आरम्भ होती है भारत से निकले मजदूरों के प्रवास के आरम्भ से, जो एक अंतहीन यात्रा में परिवर्तित हो जाती है। पीड़ा, वेदना, आक्रोश और बेबसी का घनीभूत रूप इस उपन्यास में देखने को मिलता है। इस उपन्यास को पढ़ते हुए हम उस यथार्थ से साक्षात्कार कर रहे होते हैं, जिसे प्रवासी भारतीयों ने भोगा था। इस विषय को लेकर लिखा जाने वाला यह अद्वितीय उपन्यास है, जिसका लेखक स्वयं भोक्ता भी था। उपन्यास की आरम्भिक पंक्तियों में उस मर्म को हम समझ सकते हैं- दर्द से परेशान उस औरत का पेट देखने की आवाज़ हाँकने वाले जहाज के उस कर्मचारी ने जाल ऐसा बनाया कि औरत पेट न दिखाती तो उसे समुद्र में अब तो फेकना ही होगा।

औरत ने लहंगा उठा कर अपना पेट दिखाया! सारी औरतें चीख पड़ीं।

रवीचन नाम के युवा ने कहा ऽऔरत ने पेट दिखा दिया।

अब तुम्हरा कलेजा ठंडा हुआ तो होगा।

अधिकारी कुछ न बोलकर पीछे हट गया। उसे हटना ही पड़ता।

अब लोग खौल रहे थे।

यहाँ संवेदनहीनता और पीड़ा का वह स्तर देखने को मिलता जहाँ मनुष्यता का अंतिम छोर होगा। बाद में उस युवक को सजा भी मिली और जहाज के मारिसस पहुचने पर पर उसे कोई देखा नहीं। इस उपन्यास में औपनिवेशिक शासन के जुल्म की पराकाष्ठा की गवाही करने वाले प्रसंग देखने को मिलते हैं। लेखक ने लिखा है कि- जहाज के अधिकारियों में मानवता मृत थी और इन भारतीयों के खेमें में मानवता बेबस थी। मानवता का मृत होने और बेबस होने के बीच यह कथा आरम्भ होती है, और एक सहज, सबल मानवीय समाज की स्थापना की आकांक्षा के साथ इस उपन्यास की कथा का विकास होता है। उपन्यास की भूमिका में धुरंधर जी उस रिपोर्ट का भी उल्लेख करतें हैं, जिसमें मारिसस में बसे जर्मन आदोल्फ़ दे प्लेवित्स ने लिखा है कि- शक्कर प्रतिष्ठानों में भारतीय मूल के लोगों की जानें ली जातीं हैं। बहु-बेटियों पर कहर टूटते हैं। भीषण मजदूरी के बदले मजदूरों के थैले में गोदाम से सडा अन्न डालकर उन्हें घर लौटाया जाता है।

यह उपन्यास वास्तव में उस वेदना का संचित रूप है जो प्रवासी भारतीयों के प्रति उस समाज में थी ही नहीं, जो तथाकथित सभ्य कहा और समझा जाता था। पथरीला सोना उपन्यास अगर लिखा नहीं जाता तो उस पीड़ा को शायद ही जमाना जान पाता जिसे हमारे प्रवासी भारतीयों ने भोग कर एक नया सूर्यादय किया। लेखक का समर्पण भी अपने आप में विशिष्ट है, उपन्यास की भूमिका में धुरंधर जी लिखते हैं- इस उपन्यास को थामने और इसके संवहन में मैं इतिहास के उन वट-वृक्षी लोगों का ऋणी हूँ, जो मृत्यु के उपरान्त आकाश में कहीं भी होंगे, मैंने माँरिशस की धरती से इस बात के लिए उनका जब आह्वान कि तुम्हें लेकर इतने विस्तार से लिखना चाहता हूँ, तो उन्होंने लिखने का हौसला बढाया। विरले ही लेखक होंगे जो इतिहास के प्रति इतनी रूचि और लोगों के प्रति इतना भाव रखते होंगे कि उन्हें ना होने के बाद भी, उनके होने के अहसास से लिखते होंगे। धुरंधर जी उस गाथा को प्रस्तुत किया है, जिसने पुर्तगाली, डच, फ्रांसीसी और अंग्रेजी शासन के जुल्म को सहते हुए एक नया सूर्यादय किया।

भाव, भाषा की दृष्टि से उपन्यास विशिष्ट है। इसमें हिन्दी के साथ-साथ भोजपुरिया टोन भी देखने को मिलता है । विस्तृत औपन्यासिक फलक और इतिहास होने के कारण शिल्प के स्तर पर थोड़ी शिथिलता देखने को मिलती जो उपन्यास के व्यापकता और इतिहास बोध को दृष्टिगत रखते हुए सर्वथा उचित और प्रासंगिक है।

संदर्भ-

1. पथरीला सोना, खण्ड -1 (पृष्ठ - 02)

2. पथरीला सोना, खण्ड -1 आत्मकथा (पृष्ठ - 04)
3. सामाजिक यथार्थ और कथाभाषाः अज्ञेय, भूमिका
4. पथरीला सोना, खण्ड -1 (पृष्ठ - 15)
5. पथरीला सोना, खण्ड -1 (पृष्ठ - 17)

2. पथरीला सोना, खण्ड -1 आत्मकथा (पृष्ठ - 04)
3. सामाजिक यथार्थ और कथाभाषाः अज्ञेय, भूमिका
4. पथरीला सोना, खण्ड -1 (पृष्ठ - 15)
5. पथरीला सोना, खण्ड -1 (पृष्ठ - 17)

8

आधा गाँव: अभिनव भाषिक प्रयोग का वाहक

भारतीय समाज में भाषिक विविधता और सांस्कृतिक समन्वय की विराट परम्परा रही है । इसी विराट परम्परा के अंकन की दृष्टि से आधा गाँव एक विशिष्ट उपन्यास है । इसमें अंचल के रंग को विशेष सांस्कृतिक छटा के साथ नए भाषिक कलेवर में राही मासूम रजा ने प्रस्तुत किया है । आधा गाँव की कथा पुरे सांस्कृतिक और भाषिक विशेषता के इस उपन्यास में देखने को मिलती है । ऐतिहासिक जीवन दृष्टि और समाज में हो रहे परिवर्तन की कथा को कहने में उपन्यासकार को विशेष सफलता मिली है ।भोजपुरी मिश्रित उर्दू और हिन्दी के प्रयोग से यह उपन्यास एक खास किस्म के भाषिक प्रयोग का वाहक बन गया है।

भारतीय समाज में अनेकानेक संस्कृतियों का समन्वय अनादि काल से चली आ रही है । विविधता के बीच सांस्कृतिक समन्वय ही वह सूक्ष्म धागा है ,जिसने हमें एक सूत्र में पिरोकर रखा है ।भारतीय इतिहास में ना जाने कितनी संस्कृतियों और सभ्यताओं का पल्लवन ,उत्थान और पतन की कथा का उल्लेख मिलता है । इन सभी में से श्रेष्ठ तत्वों को ग्रहणकर हमारी संस्कृति निरंतर प्रवाहमान है ।भारतीय परम्परा में श्रेष्ठ से श्रेष्ठतर मूल्यों को युगानुरूप विकसित किया जाता रहा है । जिसके परिणाम स्वरूप वैश्विक स्तर पर व्याप्त कोई भी ऐसी संस्कृति ,सभ्यता और समाज नहीं होगा जिससे हम अप्रभावित हों ,और जो हमसे प्रभावित ना हुआ हो । विशद और प्रवाहमान संस्कृति एवं सभ्यता का प्रभाव हमारे जीवन के सभी पक्षों पर देखने को मिलता है, जिससे हमारा साहित्य भी अछूता नहीं है ।

साहित्य हमारे समाज का प्रतिविम्बन करता है ,और समाज का मार्गदर्शन भी करता है । वर्तमान समय में साहित्य के विविध विधाओं में लेखन हो रहा है । कविता ,कहानी , उपन्यास, नाटक, निबंध के साथ-साथ गद्य की अन्य प्रकीर्ण विधाओं में लेखन कार्य हो रहा है ।भारतीय साहित्य की परम्परा में महाकाव्यों का विशेष स्थान रहा है । आधुनिक समय में उपन्यास साहित्य को महाकाव्य का स्थानापन्न कहा जा सकता है । भारतीय और हिन्दी

औपन्यासिक परम्परा में सामजिक यथार्थ के विविध पक्षों का अंकन देखने को मिलता है । जीवन जगत बाह्य वास्तविकता के साथ-साथ मानव मन के गहरे उतरकर उसकी सूक्ष्म संवेदना को के अंकन की दृष्टि से हमारी औपन्यासिक परम्परा अत्यंत समृद्ध है ।

आधुनिक कालीन हिन्दी साहित्य में गद्य लेखन की परम्परा निरंतर प्रवाहमान है । गद्य की विविध विधाओं में उपन्यास एक ऐसी विधा के रूप में प्रतिष्ठित हो गयी है , जिसमें व्यापक सामाजिक यथार्थ का अंकन देखने को मिलता है । उपन्यास साहित्य के महत्व को रेखांकित करते हुए हिन्दी के प्रसिद्ध इतिहासकार और आलोचक आचार्य रामचंद शुक्ल ने लिखा है कि –"वर्तमान जगत मेंउपन्यास बड़ी शक्ति है। समाज जो रूप पकड़ रहा है, उनके भिन्न-भिन्न वर्गों में जो प्रवृतियाँ उत्पन्न हो रहीं हैं, उपन्यास उनका विस्तृत प्रत्यक्षीकरण ही नहीं करते, आवश्यकतानुसार उनके ठीक विन्यास, सुधार अथवा निराकरण की प्रवृति भी उत्पन्न कर सकते हैं।"[1]

आचार्य रामचंद शुक्ल के उपरोक्त कथन से स्पष्ट है कि आधुनिक युगीन समाज के व्यापक और वैविध्यपूर्ण यथार्थ को अभियक्त करने में उपन्यास साहित्य ज्यादा समर्थ और सक्षम है। परीक्षागुरू से हिन्दी उपन्यास की जो यात्रा आरम्भ हुई , उसे हिन्दी के उपन्यास सम्राट प्रेमचंद ने अपने लेखन के माध्यम से व्यापक सामाजिक धरातल पर उतारने का कार्य किया । भाव-भाषा और शिल्प की सहजता प्रेमचंद के उपन्यासों की सर्वप्रमुख विशेषता है । प्रेमचंद की सहजता ही है कि हिन्दी उपन्यास को इतना विस्तार मिला । प्रेमचंद की परम्परा में ही हिन्दी के अनेक उपन्यासकार आते हैं । इन्हीं उपन्यासकारों में भाव और भाषा की दृष्टि से नए प्रयोग करने वालों में राही मासूम रजा का नाम भी आता है ।

"राही मासूम रजा" हिन्दी साहित्य के विरले एवं विशिष्ट कथाकार हैं । उनकी विशिष्टता भाव, भाषा और शिल्प की दृष्टि से नए कलेवर में प्रस्तुति में है । आपके द्वारा रचित आधा गाँव हिन्दी उपन्यास के इतिहास में विशिष्ट स्थान रखता है । आपके द्वारा रचित अन्य उपन्यास हैं – दिल एक सदा कागज, ओस की बूंद, हिम्मत जौनपुरी, नीम का पेड़, कतरा बी आर्जू, टोपी शुक्ल, सीन75इत्यादि । राही मसूम रजा की आत्मा भारतीय गांवों में बसती है । विषय-वस्तु और और भाषिक सहजता आपके लेखन का अभिन्न अंग है । आपके लेखन में गाजीपुर के गंगौली से लेकर अलीगढ़ और बम्बई (मुम्बई) तक के अनुभव घुले-मिले हुए हैं । आधागाँव, नीम का पेड़, हिम्मत जौनपुरीमें गंगौली और अलीगढ़ के अनुभव हैं तो सीन75में बम्बई में भोगे हुए यथार्थ को आपने जीवंत किया है ।

राही मासूम रजा एक कथाकार होने के साथ-साथ एक कुशल अध्यापक और पटकथा लेखक भी हैं । नीम का पेड़ शीर्षक से आपके द्वारा रचित उपन्यास पर धारावाहिक भी बना, जो अपने समय में बहुत ही लोकप्रिय हुआ । बुधिराम से बुधिया और बुधिया से बुधिराम होने की कथा को बहुत ही रोचक और सहज रूप में आपने नीम का पेड़ में प्रस्तुत किया है । संवाद और पटकथा लेखन में आप सिद्ध हस्त हैं । नीम का पेड़ के सवाद के साथ-साथ आपने प्रसिद्ध धारावाहिक "महाभारत" के पटकथा और संवाद लेखन का कार्य भी किया ।

यह धारावाहिक भारतीय महाकाव्य "महाभारत" पर आधारित था ।

राही मासूम रजा यूँ तो उर्दू के प्रोफ़ेसर थे ,लेकिन उनका अधिकांश लेखन हिन्दी में ही देखने को मिलता है । भारतीयता उनके व्यक्तित्व का अभिन्न हिस्सा है । आधा गाँव उपन्यास उनके इसी भाव-बोध का प्रतिफलन है । उर्दू ,हिन्दी और भोजपुरी का नितान्त नए रूप में साहित्यिक प्रयोग की दृष्टि से यह उपन्यास बेजोड़ है । इस प्रयोग की पृष्ठभूमि को ध्यान रखते हुए अधिकांश लोगों ने आधा गाँव को आंचलिक उपन्यास के रूप में स्वीकार किया है । हिन्दी कथा परम्परा में अंचल के यथार्थ को प्रस्तुत की परम्परा उपन्यास के आरम्भ से ही देखी जा सकती है ,लेकिन आंचलिक उपन्यासों की व्यस्थित परम्परा फणीश्वर नाथ रेणु द्वारा लिखित मैला आँचल से माना जाता है ।आधा गाँव में भी आंचलिकता है लेकिन यह उस अर्थ में आंचलिक नहीं जिस रूप में अन्य आंचलिक उपन्यास हैं । इसे रेखांकित करते हुए प्रो. परमानद श्रीवास्तव ने लिखा है – यह एक अच्छी बात है कि आंचलिक उपन्यासों की कोई रूढ़ि इस उपन्यास में नहीं है, क्योंकि यहाँ अंचल सिर्फ खिड़की है, जिससे मानवीय इतिहास और वास्तविकता के बदलते हुए चेहरे देखे जा सकते हैं। इस दृष्टि से उपन्यास को आंचलिक खाते में रख देने से इसकी ऐतिहासिक महत्ता के कम हो जाने की आशंका है।[2]

आधा गाँव में गंगोली के यथार्थ को अभिव्यक्त करते हुए लेखक ने अंचल के यथार्थ के साथ-साथ सामजिक ताने-बाने में हो रहे परिवर्तन को बहुत ही संवेदनशीलता के प्रस्तुत किया है ,कथा को मुकम्मल बनाने के लिए कथाकार ने ऐतिहासिक तथ्यों को कथाफलक में शामिल किया है। इस दृष्टि से इसे आंचलिक उपन्यास कहना समीचीन नहीं होगा ।

आधा गाँव के समर्पण में लेखन ने अपने घनिष्ट मित्र को भेंट करते हुए लिखा है कि - "यह आधा गाँव अपने पूरे दोस्त कुंवरपाल सिंह को भेंट करता हूँ, क्योंकि अगर उनका साथन होता तो शायद मैं कहानी लिख ही न पता।"

आधा गाँव की कथा को अपने पूरे मित्र को समर्पित करना अपने आप में अधिक व्यंजनापूर्ण है । इस उपन्यास की कथा को कहने के लिए उपन्यासकार ने एक नये तरह की भाषा को हमारे समक्ष प्रस्तुत किया है , इसके साथ-साथ कथा शिल्प के स्तर पर नयापन लाने का कार्य किया है । कथा भाषा और कथा शिल्प को किसी निश्चित ढाँचे में बांधकर नहीं देखा जा सकता है ।कथा भाषा और सामाजिक सरोकारों को रेखांकित करते हुए प्रो. केशरी कुमार ने लिखा है कि - "भाषा यथार्थ का सबसे महत्वपूर्ण रचनात्मक पहलू है। भाषा नहीं तो यथार्थ नहीं, भाषा के द्वारा ही हम यथार्थ को जानते मानते पहचानते हैं। भाषा यथार्थ को एक नाम देती है और इस नाम से ही वह पहचाना जाता है। जिसके पास वस्तु है, पर नाम नहीं है। भाषा की उपेक्षा यथार्थ की उपेक्षा है। यथार्थ समाज-जीवन का द्वार है, तो भाषा उससे भीतर बाहर करने का रास्ता है। एक के बिना दूसरे का अर्थ नहीं।"[3]

कथा भाषा और सामाजिक यथार्थ का अन्योन्याश्रित संबंध है । कथा भाषा की दृष्टि अंचल के यथार्थ को अभिव्यक्त करने वाले उपन्यासों में नए प्रयोग देखने को मिलते हैं

।आधा गाँव में भी नए भाषिक एवं सांस्कृतिक प्रयोग देखने को मिलते हैं । अपनी भाषा और संस्कृति के प्रति अनुराग सहज मानवीय गुण है । भाषा और अपनी माटी के प्रति अनुराग के कारण ही इस उपन्यास की भाषा विशिष्ट बन पड़ी है । भाषा के सन्दर्भ में राही मासूम राजा के विचार को इस उपन्यास के पात्रों की भाषा संबंधी विचार से हम समझ सकते हैं - "मगर हम लोग आज भी वही जबान बोलते हैं, जो जबान अम्माँ बोला करतीं थीं, और जो जबान मत्तो बुआ, ईदू और रऊफ़ की थी, और जो जबान गंगौली के मीर साहेबान की है– यानि भोजपुरी उर्दू। मेरी छोटी बहन अफ़सरी बारह-पन्द्रह बरस से दिल्ली में रह रही है, मगर अब तक उसे उर्दू बोलना नहीं आ सका है। वह आज भी वही अम्माँ के दूध के साथ पी हुई भोजपुरी उर्दू बोलती है।"[4]

भोजपुरी उर्दू को को माँ के दूध के समान कहना और अफ़सरी के बारह-पन्द्रह वर्ष तक रहने के बाद भी भोजपुरी उर्दू ही बोलना हमारे मन पर मातृभाषा के प्रभाव को द्योतित करता है , यह अपने आप में विशिष्ट है । मातृभाषा के संबंध में महात्मा गांधी का भी यही विचार था । अपने द्वारा संपादित स्वराजपत्र में महात्मागाँधी ने लिखा है कि - "बच्चों के मानसिक विकास के लिएमातृभाषा उतनी ही आवश्यक है, जितना शारीरिक विकास के लिए माँ का दूध।"[5] (स्वराज- 1909)

मातृभाषा और मातृभूमि के प्रति राही मसूम रजा का अनुराग देखते ही बनता है । आधा गाँव की पूरी कथा को जस का तस प्रस्तुत करने में अपनी माटी और भाषा के प्रति अनुराग ने महत्वपूर्ण भूमिका निभाई है ।भाषा के साथ-साथ एक पूरी सांस्कृतिक – सामाजिक यात्रा तय होती है । आधा गाँव की कथा यात्रा में भी सामाजिक-सांस्कृतिक यात्रा निर्बाध गति से प्रवाहित होती रही है । कथाकार ने आधा गाँव की कथा को उसके पूरे वजूद के साथ बड़े ही मनोयोग से प्रस्तुत किया है । राही मासूम रजा जी एक सफल किस्सागो हैं । शब्दों और भावों की सहयात्रा के भागीदार के रूप में रजा जी को जानते –समझते हैं । समय के साथ प्राकृतिक तत्वों को जोड़ना और उन्हें चरित्र रूप में मूर्तिमान करने में आप माहिर हैं, आधा गाँव की आरंभिक पंक्तियों में आप कहते हैं - "गंगा इस नगर के सिर पर और गालों पर हाथ फेरती रहती है, जैसे कोई माँ अपने बीमार बच्चे को प्यार कर रही हो, परन्तु जब इस प्यार की कोई प्रतिक्रिया नहीं होती, तो गंगा बिलख-बिलखकर रोने लगती है और यह नगर उस के आँसुओं में डूब जाता है।"[6]

गंगा के किनारे बसने वाले गाँव और शहरों से गंगा का बहुत ही घनिष्ठ लगाव है । गंगौली भी इसका अपवाद नहीं है । गंगौली के लोगों की उपेक्षा से गंगा रोने लगती है और गंगौली का उसमें डूबना एक नये भावलोक को निर्मित करता है । प्रकृति और परिवेश के प्रति संवेदना इस कथा को और भी प्रभावी और संप्रेषणीय बनाती है भाषा और संवेदना के सूक्ष्म तत्व इस उपन्यास में आरम्भ से लेकर अन्त तक देखने को मिलते हैं ।भला कौन अपनी मातृभूमि को छोड़कर जाना चाहेगा , वह तो आजीविका के कारण मजबूर हैं आपनी माटी छोड़ने को । इस पीड़ा को राही मासूम रजा ने बहुत ही शिद्दत से महसूस करते हुए लिखते हैं कि –

"कलकत्ता!

कलकत्ता किसी शहर का नाम नहीं है। गाजीपुर के बेटे-बेटियों के लिए यह भी विरह का नाम है। यह शब्द विरह की एक पूरी कहानी है, जिस में न मालूम कितनी आँखों का काजल बहकर सूख चूका है। हर साल हजारों-हजार पर देस जाने वाले मेघदूत द्वारा हजारों-हजार सन्देश भेजते हैं। शयफ इसीलिए गाजीपुर में टूटकर पानी बरसता और बरसात में नयी पुरानी दीवारों, मस्जिदों और मन्दिरों की छतों और स्कूलों की खिड़कियों के दरवाजों की दरारों में विरह के अंखुए फूट आते हैं, और जुदाई का दर्द जाग उठता है और गाने लगते हैं:

बरसतमें कोऊ घर से नानिक से

तुमहिं अनूक बिदेस जवैया------।

कलकत्ता, बम्बई, कानपुर और ढाका– इस शहर की हदें हैं।"[7]

उपरोक्त पंक्तियों लेखक ने हमारे जीवन के उस यथार्थ को अभियक्त किया है , जिसे हम ना चाहते हुए भी जी रहे हैं । विरह की पीड़ा और वेदना तब और घनीभूत हो जाती है , जब लेखक लिखता है कि – दरवाजों की दरार में विरह के अंखुए फूट आते हैं । आधा गाँव की भाषा में संवेदना एवं सहृदयता को पिरोकर कथाकार ने प्रस्तुत किया है । संवेदना और ग्रामीण विरासत को समेटने के क्रम में जो भी भाषिक प्रयोग राही मासूम रजा कर सकते थे वो सभी प्रयोग इस उपन्यास में देखने को मिलते है । भाषा और भावों का अत्यंत घनिष्ठ सम्बन्ध है ,राही मासूम रजा संवेदना के सूक्ष्म ताने-बाने को अपने रचना संसार में विशेष महत्व दिया है । गंगोली की कथा कहते हुए आपने उस परिवेश की भाषा को जस का तस रखकर हम पाठकों के समक्ष एक नई रचनात्मक भाषा को प्रस्तुत कर हमें नये भाषा संरचना से अवगत कराया है । भोजपुरी मिश्रित उर्दू और हिन्दी भाषा के प्रयोग की दृष्टि से यह उपन्यास विशिष्ट है –

अब्बू-दाने सोजख्वानी (सोजख्वानी में तीन आदमी मरिया गाते हैं। बीच वाला गाता है और बाकि दो सुर देते हैं और इधर-उधर वाले बाजु।) की चौकी से इमामबाड़े को एक नजर देखने और अपने दोनों बाजुओं से सुर मिलाने के बाद "सलाम" पढ़ना शुरू किया।

जनाने गलियारे से औरतों की आवाजें आने लगीं-

"ऐधिया, तनी देख के बहिनी! मोरा पैरवा कुँच दियो। आग लगे ईमाटी मिली अंगरे जीजूतियन को!" यह आवाज हसीना दादी की थी। डाँट बा'जी पर पड़ी थी, क्योंकि बाद में उनके भिन भिनाने की आवाज़ भी आयी।

"बाकी हम्माद की बीवी ईक हिनकई से? "यह सवाल किसी ने अब्बू-दा की बड़ी बहन सुग्गनदादी से कहा।

"नउज", किसी और बीवी की आवाज़ आयी," तनी पटावालो गई याह।[8]

उपरोक्त पंक्तियों में लेखक ने कथाकार ने भोजपुरी मिश्रित उर्दू शब्दावली का प्रयोग किया है । सामाजिक रीती-रिवाजों के प्रतिबिम्बन करने की अद्भूत क्षमता इस उपन्यास में देखने को मिलती है । भाषा के माध्यम से समाज और संस्कृतियों की छटाएं आपकी

किस्सगोई का अभिन्न अंग हैं ।बोली ,बानी और गाली सब कुछ भाषा में ही समाहित हैं और आधा गाँव की भाषा में यह सब कुछ देखने को मिलता है । अक्सर लोग गाली से भाषा के अश्लील होने की बात करते हैं ,लेकिन यदि गालियां परिस्थितियों और परिवेश के अनुरूप हों तो वह मुहावरे की तरह भाषा होती है । आधा गाँव में प्रसंगानुकूल ऐसे प्रयोग देखने को मिलते हैं –

"ई सभन के पास पइजामा ना है का?" मैंने अम्मू से पूछा।

"ई हरामजादे हैं।" अम्मू ने कहा।

"हरमजादा का होत है?" मैंने दूसरा सवाल जड़ दिया।[9]

इसके अलावा भी अनेक जगहों पर भी लेखक ने इस तरह के भाषिक प्रयोग कर भाषा को जीवन्त और संप्रेषणीय बना दिया है । राही मासूम रजा ने इस उपन्यास के माध्यम से हमें उस भाषा से रूबरू कराया है, जो एक क्षेत्र विशेष में बोली समझी जाती है ,और वह हमारी समृद्ध सांस्कृतिक विरासत भी है । राही मासूम रजा की भाषा में एक खास किस्म का खुलापन है ,इसे रेखांकित करते हुए प्रो. परमानन्द श्रीवास्तव जी ने लिखा है –

"राही मासूमरजा कवि कथाकार हैं, और उनके पास जीवित प्रवाहमान भाषा है। इसी तर्क से यह यांत्रिक नहीं, मानवीय भाषा है– बोली के जीवन्त मुहावरों और विशेषणों से अर्थ-संपन्न। बोली का यह रंग भी खड़ी बोली के सरल और बेलचक शब्दों को पिघलाकर बनाया गया अधिकतम आत्मीयरंग है। आश्चर्य नहीं कि यह भाषा एक बिन्दु पर उपन्यास कार से अधिक नैरेटर की भाषा लगे, क्योंकि इस में एक खुलापन भी है और चमत्कार भी।"[10]

राही मासूम रजा एक ऐसे रचनाकार हैं , जिनकी कृतियाँ आम फहम के बीच में बहुत ही प्रचलित हैं। आप फ़िल्मकार साहित्यकार हैं , जिनका रचनात्मक संसार बहुत विस्तृत है , रचनाकार, रचना और पाठक के सम्बन्ध में आपकी मान्यता है –

"मेरे विचार में साहित्य, साहित्यकार और पाठक रचनात्मक कला का त्रिभुज है। पाठक की अनुपस्थिति में साहित्य की कल्पना नहीं की जा सकती। साहित्य पाठक के पास पहुचकर ही साहित्य बनता है। किसी कविता का अर्थ वह नहीं, जो कवि के मस्तिष्क में है कविता को तो पाठक अर्थ देता है।"[11]

राही मासूम रजा ने आधा गाँव के माध्यम से भाषा, बोली, बानी और संस्कृति के ताने-बाने बहुत ही संजीदगी से प्रस्तुत किया है ,रचनाकार के समक्ष हमेशा समाज और आस्वादक हमेशा सामने रहा है। भोजपुरी अंचल के गाजीपुर के एक गाँव गंगोली की कथा को पुरे मन से प्रस्तुत करते हुए आपने वहां की भाषा को उसके समग्र कलेवर के साथ प्रस्तुत किया है । इस दृष्टि से यह उपन्यास अपने-आप में विशिष्ट बन पड़ा है ।

सन्दर्भ सूची-

1. आचार्य रामचंद्र शुक्ल ,हिन्दी साहित्य का इतिहास ,पेज नं-35,कमल प्रकाशन ,नयी दिल्ली 110002(वर्ष-2019)

2. प्रो. परमानन्द श्रीवास्तव ,उपन्यास का पुनर्जन्म , पेज नं-116, वाणी प्रकाशन, नयी दिल्ली ,110002(वर्ष–1995)

3. अज्ञेय (संपा.), सामाजिक यथार्थ और कथा भाषा , प्रो. केसरी कुमार सामाजिक यथार्थ और कथा भाषा की समस्याएं,पेज नं-34

4. राही मासूम रजा ,आधा गाँव ,पेज नं- 21,राजकमल प्रकाशन ,नयी दिल्ली ,110002(वर्ष-2020)

5. महात्मा गाँधी ,स्वराज (1909)

6. राही मासूम रजा ,आधा गाँव ,पेज नं-10,राजकमल प्रकाशन ,नयी दिल्ली ,110002(वर्ष-2020)

7. राही मासूम रजा ,आधा गाँव ,पेज नं-10,राजकमल प्रकाशन ,नयी दिल्ली ,110002(वर्ष-2020)

8. राही मासूम रजा ,आधा गाँव ,पेज नं-44,राजकमल प्रकाशन ,नयी दिल्ली ,110002(वर्ष-2020)

9. राही मासूम रजा ,आधा गाँव ,पेज नं-26,राजकमल प्रकाशन ,नयी दिल्ली ,110002(वर्ष-2020)

10. प्रो. परमानन्द श्रीवास्तव ,उपन्यास का पुनर्जन्म , पेज नं-115-116, वाणी प्रकाशन, नयी दिल्ली ,110002(वर्ष–1995)

राही मासूम रजा(संपादन &संकलन –प्रो.कुंवर पाल सिंह) सिनेमा और संस्कृति, पेज नं 17, वाणी प्रकाशन ,नई दिल्ली -110002 (वर्ष-2015)

9

ठेठ बनारसी भाषा की ठसक का आख्यान:काशी का अस्सी

हिन्दी उपन्यासों की परम्परा में काशी का अस्सी एक नए तरह की भाषिक संरचना और संवेदना को प्रस्तुत करने के लिए जाना जाता है । इसकी भाषा को लेकर कुछ आलोचकों में उदार मत नहीं है ,लेकिन भाषा को अगर समाज और भाषा के सन्दर्भ में देखें तो इसकी भाषा अपने आप में मुकम्मल है । यह उस विषय-वस्तु को उसी के अनुरूप भाषा कलेवर में प्रस्तुत कर औपन्यासिक भाषा को नए धरातल पर उतरने का उपक्रम करने की दिशा में महत्वपूर्ण प्रयास है । ठेठ बनारसी कथा को वहाँ की ठेठ भाषा में जस-का-तस रख देना इस कृति और कृतिकार की विशिष्टता है ।इस दृष्टि से यह उपन्यास नये भाषिक विमर्श की दिशा में एक अभिनव प्रयास है । अपने ठेठपन के कारण इस उपन्यास में काशी जीवंत हो उठा है ,विशेष रूप वह काशी जो वहाँ की गलियों और हवाओं में है ।

हिंदी उपन्यासों की परम्परा में यथार्थ और भाषा का बेहतरीन सामंजस्य देखने को मिलता है । जीवन-जगत के यथार्थ को अभिव्यक्त करते हुए औपन्यासिक भाषा बहुआयामी होती रही है, परीक्षागुरू में हिंदी भाषा जो स्वरूप देखने को मिलता है,वह निरंतर यथार्थोन्मुख होते हुए आज भी गतिमान है । यथार्थ को अभिव्यक्त करते हुए भाषा औपन्यासिक भाषा निरंतर नए रूप में ढलती और बनती जा रही है । भाषा के इस नयेपन में लोक और शिष्ट के साथ-साथ ठेठ देशीपन ने भाषा को अत्यंत प्रभावी और सम्प्रेषणीय बना दिया है । हिंदी उपन्यासों की भाषा में अपने आरम्भिक समय से ही सहजता का पुट देखने को मिलता है । भाषा अपने स्वरूप में मूलतः चर है, भाषा का यह चर रूप हिंदी औपन्यासिकी में भी हम देख सकते हैं । परीक्षागुरू से लेकर अब तक हिंदी उपन्यासों की की भाषा में बहुस्तरीय परिवर्तन देखने को मिलता है। औपन्यासिक भाषा की दृष्टि हिंदी उपन्यासों ने एक लम्बी यात्रा तय कर लिया है । काशी का अस्सीहिंदी औपन्यासिक भाषा की यात्रा में

एक विशिष्ट उपन्यास है । काशी के बहुआयामी रंग को बड़े चटक रूप में ठेठ भाषाई रंगत में औपन्यासिक फलक पर उभारने यह उपन्यास बेजोड़ है ,एक बेपरवाह सी भाषा जो सिर्फ इस उपन्यास के विषय-वस्तु जीवंत करने में है ।

उपन्यास के आरम्भ में ही कथाकार ने लिखा है कि- 'शहर बनारस के दक्खिनी छोर पर गंगा किनारे बसा ऐतिहासिक मुहल्ला अस्सी । अस्सी चौराहे पर भीड़-भाडवाली चाय की दुकान ।इस दुकान में रात-दिन बहसों में उलझते ,लड़ते-झगड़ते, गाली-गलौज करते कुछ स्वनामधन्य अखाडिए बैठकबाज । न कभी उनकी बहसें खत्म होती हैं , न सुबह-शाम । जिन्हें आना हो आएँ, जाना हो जाएँ । इसी मुहल्ले और दुकान का 'लाइव शो' है यह कृति – उपन्यास का उपन्यास और कथाएँ की कथाएँ । खासा चर्चित ,विवादित और बदनाम । लेकिन बदनाम अभिजनों में ,आम जनों में नहीं ! आम जन और आम पाठक ही इस उपन्यास की जमीन रहे हैं !'

उपरोक्त पंक्तियों से यह स्पष्ट हो जाता है कि काशी का अस्सी नये कलेवर का उपन्यास है । भाषा ,विषय-वस्तु और शिल्प सभी दृष्टियों यह उपन्यास उन्मुक्त है । इसमें आम जन के संस्कृति और जीवन की झांकी देखने को मिलती है ,एक ऐसा जीवन जो जीवन्तता और बेपरवाही से अटा पड़ा है । इसकी विषय-वस्तु वह जीवन है जो काशी की गलियों और चौराहों पर देखने को मिल जायेगा । गलियों और चौराहों के जीवन को उन्मुक्त भाव से प्रस्तुत करते हुए काशी नाथ जी ने एक उन्मुक्त औपन्यासिक भाषा का प्रयोग कर ठेठ बनारसी गलियों की ठसक को मूर्त कर कर दिया है । उपन्यास के शुरू ही में कथाकार ने अभिजनों को आगाह करते हुए लिखा है कि-

'मित्रों यह संस्करण वयस्कों के लिए है, बच्चों और बूढ़ों के लिए नहीं ;और उनके लिए भी नहीं जो यह नहीं जानते कि अस्सी और भाषा के बीच ननद-भौजाई और साली-बहनोई का रिश्ता है !जो भाषा में गन्दगी ,गाली,अश्लीलता और जाने क्या-क्या देखते हैं और जिन्हें हमारे मुहल्ले के भाषाविद परम कहते हैं ,वे भी कृपया इसे पढ़कर अपना दिल न दुखाएँ-'[1]

अपनी भाषा को लेकर यह उपन्यास खासा चर्चित रहा है । लोगों के मन में भाषा को लेकर अनेक तरह की धारणायें बनी-बनाई हैं ,इस उपन्यास की भाषा में बनी-बनाई धारणा के विपरीत एक नये तरह का प्रयोग देखने को मिलता है ,लेकिन यह प्रयोग कहीं भी पाठक या आस्वादक खटकता नहीं है । इस उपन्यास के भाषा की सबसे बड़ी विशेषता यह है कि इसमें बोली,बानी, मुहावरे और गाली का सुन्दर संयोजन देखने को मिलता है । शब्दों के द्वारा व्यंग्य और सामाजिक विसंगतियों पर कटाक्ष की दृष्टि से लेखक ने अभिनव प्रयोग किये हैं । राजनीतिक समझ भले ही ना हो लेकिन राजनीति को हमारा समाज बहुत अच्छे से समझता है । कशीनाथ जी ने लोकतंत्र के चरित्र बहुत ही तल्ख रूप में समझा और प्रस्तुत किया है ,जिसे निम्नलिखित पंक्तियों में हम देख एवं समझ सकते हैं - 'भ्रष्टाचार लोकतंत्र के लिए आक्सीजन है, है कोई राष्ट्र जहाँ लोकतंत्र हो और भ्रष्टाचार न हो ? जरा नजर दौड़ाइए पूरी दुनिया पर, ये छोटी-बड़ी राजनितिक पार्टियाँ क्या हैं ?अलग-अलग छोटे-बड़े संस्थान

,भ्रष्टाचार के प्रशिक्षण केन्द्र, सिद्धांत मुखौटे हैं जिनके पीछे ट्रेनिंग दि जाती है ।आप क्या समझते हैं ,जो आदमी चुनाव लड़ने में पन्द्रह-बीस लाख खर्च करेगा वह विधायक या सांसद बनने पर ऐसे ही ऐसे ही छोड़ देगा आपको ?देश को ? चुतिया है क्या ? '2

लोकतंत्रपर यह टिप्पणी लोकतंत्र का वास्तविक चरित्र को हमरे समक्ष प्रस्तुत करने में सर्वथा समर्थ है । लोकतंत्र और भ्रष्टाचार का खेल,और बेरोजगारी ने किस तरह हमारे युवाओं को भ्रमित किया है ,इस आगे स्पष्ट करते हुए कथाकार ने लिखा है कि – “राजनीति बेरोजगारों के लिए रोजगार कार्यालय है ,इम्प्लायमेंट ब्यूरो । सब आई.ए.एस. ,पी. सी.एस. हो नहीं सकता । ठेकेदारी के लिए धनबल-जनबल चाहिए , छोटी-मोटी नौकरी से गुजरा नहीं । खेती में कुछ रह नहीं गया है ।नौजवान बिचारा पढ़-लिखकर ,डिग्री लेकर कहाँ जाए ? और चाहता है लम्बा हाथ मारना । सुनार की तरह खुट-खुट करने वालों का हश्न देख चुका है , तो बच गई राजनीति । वह सत्ता की भी हो सकती है, विपक्ष की भी और उग्रवाद की भी । समझिए कि दादागिरी यहाँ भी हैं, उठा-पटक है ,चापलूसी है , हड़बोंगई है, तरबली है, संघर्ष है लेकिन यह कहाँ नहीं है ? पाना और खोना किस धन्धे में नहीं है?”3

इस उपन्यास में लेखक ने बहुत ही हल्के-फुल्के अंदाज में सामाजिक जीवन की गंभीर समस्याओं को हमारे समक्ष प्रस्तुत किया है । बेरोजगारी और लोकतंत्र का घालमेल किस तरह हमारे युवाओं को भ्रमित किये हुए है, इसका चित्रण करते हुए कथाकार ने हमें उसके जड़ों से अवगत कराया है । काशीनामा प्रस्तुत करते हुए भाषा का काशीपन और दृष्टि समग्र भारतीय समाज और राजनीति पर यह काशीनाथ सिंह की अन्यतम विशेषता है । काशी का मूलतः वह आख्यान है, जिसमें ठेठ ठसक के साथ काशी मौजूद है । भाषिक सृजनात्मकता का सर्वोत्तम नमूना राजनितिक नारों और वादों में देखने को मिलता है और राजनीतिक समीकरण में आज जो जातीय फार्मूला देखने को मिल रहा है उस पर लेखक की तल्ख लेखनी ने प्रहार किया है ,प्रहार क्या किया उस यथार्थ को जस का तस हमरे समक्ष रख दिया है –

मैंने बताया ......“जवाहर सेठ ,प्रदेश का सबसे बड़ा दारू का ठेकेदार।”

“ओह ,तो ई बात है ।इसीलिए अपने यहाँ नारा लग रहा है- ‘पी लो पाउच ,भर लो पेट ,फिर न मिलेंगे जवाहर सेठ’। अरे यार ,ऊ तो गाँव के गाँव खरीद रहा है । गाँव पूरे गाँव को जुटाता है, ठाकुर ,अहीर ,बाभन ,चमार – सबको। और पूछता है कि गाँव को क्या चाहिए ? सड़क, पम्प ,पोखर ,कुआँ, मन्दिर ।क्या समस्या है तुम लोगों की? तुम लोग सरकार को भी देख लिये और अपने एम.पी. को भी ।क्या चाहिए ,बोलो ,पानी की किल्लत है? दस हैण्ड पम्प से काम चल जायेगा ? ए फलाने !......................

आप पूरी बात क्यों नहीं बता रहे हैं भैया । उसी क्षेत्र में यह भी नारा लग रहा है ,“पाउच नहीं दूध चाहिए !’ ‘बनिया नहीं, अहिर चाहिए।’ ”4

भारतीय समाज में जो जाति व्यस्था व्याप्त थी ,उसे हवा देने का कार्य हमारी राजनीति व्यस्था ने किया, जाति की नई परिभाषा गढ़ी गई और उसने देखते ही देखते पूरे समाज को अपनी चपेट में ले लिया । वर्तमान समय में जाति आधारित अपने चरम पर है ,विधायक या

सांसद ही नही अब तो मंत्री से लेकर सब पदों पर जाति व्यस्था हावी है । जो आज के समय में व्यस्था व्याप्त है उसकी चिंता कथाकार अब लगभग पन्द्रह पहले ही कर लिया था , लेखक ने इस उपन्यास जाति की नई परिभाषा के सन्दर्भ पर विचार करते हुए लिखा है कि- "यह है जाति का नया चेहरा । मुलायम जिसे टिकट दें ,वह अहिर , कांसीराम जिसे टिकट दें, वह चमार , नितीश कुमार जिसे टिकट दें ,वही कुर्मी, ठाकुर, बाभन ,बनिया लाला चाहे जो हो । कांसीराम का मिला नहीं कि चमार हुआ । बनारस से अवधेश राय लड़ रहे हैं बसपा से और हरिजन बस्तियों में जाकर देख लीजिये । अरे इसे छोडिये, अपने यहाँ चन्दौली में ही देखिए । कांग्रेस से श्यामलाल यादव हैं और मुलायम की मुहर के साथ सपा से जायसवाल । अब यादव श्यामलाल नहीं रह गए ,यादव हैं जवाहर जायसवाल"..........[5]

यादव हैं जवाहर जायसवाल अपने आप में राजनीतिक व्यस्था पर घनीभूत व्यंग्य समेटे हुए है । 2006 में काशी का अस्सी उपन्यास पहली बार प्रकशित हुआ था ,उस समय से लेकर आज तक जातिवादी व्यस्था निरंतर रूप से अपने अस्तित्व बनाये जा रही है । रचनाकार जाति की जो परिभाषा इस उपन्यास के माध्यम से गढ़ी वह परिभाषा आज अपने प्रचंड रूप में भारतीय राजनीति को ग्रहित किये हुए है । भाषा भंगिमा और भाषिक बुनावट यह आयाम राजनीतिक जीवन स्थितियों को बहुत ही तल्खी के साथ कथा के कैनवास उभारा है ।

भाषा हमारे सामाजिक संबंधों की वाहक है ,सामाजिक संबंधों के साथ-साथ भाषा के माध्यम से हमारे आचार-विचार और संस्कृति का भी प्रतिबिम्बन होता चलता है । काशी का अस्सी में काशीनाथ सिंह ने बनारस की उस संस्कृति और समाज को जीवंत रूप में प्रस्तुत किया है ,जो वहां के जन-मन में व्याप्त है और जन-जीवन का अभिन्न हिस्सा भी है । इस उपन्यास की भाषा में यथार्थ के साथ ही राजनितिक जीवन में व्यापत विसंगतियों पर व्यंग्य भी है । उपन्यास यदि यथार्थ और यथार्थवादी चेतना का विस्तार है तो भाषा उसकी प्रकृति और संभावनाओं को व्यक्त करनेवाली एक मात्र शक्ति है । उपन्यास और उसकी भाषिक क्षमता पर विचार करते हुए गोपाल राय ने अपनी पुस्तक हिन्दी उपन्यास का इतिहास में लिखा है कि – "भारत जैसे भौगोलिक दृष्टि से विशाल तथा आर्थिक ,सामाजिक और सांस्कृतिक वैविध्य वाले देश में आधी सदी के दौरान पैदा हुई स्थितियों-परिस्थितियों ,संघर्षों-उद्देलनों ,आकांक्षाओं-स्वप्नों, निराशाओं-हताशाओं का प्रलेखन उपन्यास द्वारा ही संभव था । इस व्यापक और गतिशील यथार्थ को व्यक्त करने के लिए वैसी ही व्यापक और गतिशील स्वभाव वाली भाषा भी अपेक्षित थी । इस अपेक्षा की पूर्ति हिन्दी जैसी ही भाषा से ही संभव थी ,जिसका मानक रूप तो एक है , पर जो अपनी शक्ति अपने परिवार की विभिन्न भाषाओं से प्राप्त करती है और जिसमें समय के साथ बदलने की अद्भूत क्षमता भी है।"[6]

विषय-वस्तु और परिस्थितियों के अनुरूप भाषा में परिवर्तन की हिन्दी कथा साहित्य की सर्वप्रमुख विशेषता है । इस दृष्टि से 'काशी का अस्सी' की भाषिकी एक नए तरह की चेतना को हमारे सम्मुख प्रस्तुत करती है ,भाषा अपनी समग्रता में बोली ,वानी गाली, मुहावरों और लोकानुभवों का समुच्चय है । काशीनामा प्रस्तुत करते हुए काशीनाथ सिंह की भाषा में भाषा

के लगभग सभी तत्व समाहित हो गये हैं ,जिसका प्रमुख कारण यह है कि आपने काशी की गलियों को के यथार्थ को जस का तस हमारे समक्ष रख दिया है –

"चार जना मिलि डोली उठावें

घरवा से देत निकारी

उमर अबहीं मोरी बारी ....

कहत कबीर सुनो भई साधो,

छमियो चूक हमारी ,

अबकी गवना बहुरि नहिं अवना

मिलिलेहू भेंट अंकवारी।

(टिप्पणीः आने का मुँह रहेगा तब न छिनरौ)

आई गवनवा की सारी

उमर अबहीं मोर बारी ।"

गाना ख़त्म होते ही तालियों के बीच एक आवाज आई –"देखो गुरु ? यह कविता, नहीं मिसाइल है।जमीन से लेकर ब्रह्माण्ड तक मर करनेवाली है ।है कोई दूसरा कवि भोंसड़ी के जो पाताल-आकाश एक कर दे ?.......अब एक और हो जाये गुरु अशोक।"[7]

उपरोक्त पंक्तियों में बनारस की लोकभाषा का चटख रंग देखने को मिलता है , एक ऐसा भाषा संसार जो हमें मिली-मिलाई है, और जिसे आम-फहम जीवन में हम जी रहे हैं । भाषा अभिजात से परे भी भाषा की दुनिया है ,जिसे हमारे कथा-साहित्य ने संजोने का महत्तर कार्य किया है । लोक गीतों से लेकर लोक जीवन की विविध भंगिमाओं के अंकन की दृष्टि से हिन्दी उपन्यास साहित्य की रचना यात्रा अत्यंत वैविध्यपूर्ण है , लाला श्रीनिवासदास से लेकर प्रेमचंद, जैनेन्द्र, अजेय, रेणु और अन्य उपन्यासकारों ने हिन्दी औपन्यासिक भाषा को निरंतर समृद्ध करते हुए लोकोन्मुखी बनाया , उसी चेतना का विस्तार काशीनाथ सिंह ने काशी का अस्सी में किया है । भारतीय राजनीति से लेकर लोक जन की संवेदना को स्पंदित करनेवाली विषय-वस्तु को प्रस्तुत करते हुए काशीनाथ सिंह की भाषा में व्यंग्य का पुट और भाषिक सहजता के साथ-साथ भाषा के अभिजात को तोड़कर कथा भाषा को आम जन से जोड़ा है । भाषा और समाज के संश्लिष्ट संबंध को समझना और उसे अपनी रचनात्मकता से जोड़ना साहित्यकार की कला है ,काशीनाथ जी ने लोक गीतों में हो रहे परिवर्तनों को रेखांकित करते हुए लिखा है कि – "आज की फ़िल्मी धुनों ने काफी कुछ बर्बाद किया है परम्परागत बिरहा को ।जिस तरह बिरहा के विषय में विस्तार हुआ है, आज की राजनीतिक, सामाजिक, सांस्कृतिक समस्यायें उसका विषय हुई हैं ,उसी तरह हार मौके के लोकगीतों की शैलियों और लोकधुनों के बीच फिल्मों की लेटेस्ट धुनें-जिसमें पॉप और विडियो म्यूजिक भी हैं- बीच-बीच में पिरोई जाने लगी हैं ।"[8]

भाषा अपने व्यक्तित्व में बहुआयामी है इसलिए भाषा पर विचार करते हुए भाषा के बहुआयामी चरित्र को निरन्तर दृष्टिगत रखना चाहिए, तभी हम भाषिक संदर्भों को उसकी

समग्रता में समझ सकेंगे । हिन्दी उपन्यासों में हमारे हिन्दी समाज में प्रचलित सभी भाषा शैलियों का प्रयोग देखने को मिलता है । इससे हिन्दी उपन्यास और हिन्दी भाषा दोनों समृद्ध हो रहे हैं ,भाषा के साथ-साथ गीत-संगीत सभी स्तरों नित्य-नए प्रयोग देखने को मिल रहे हैं। इन प्रयोगों से हिन्दी कथा साहित्य को बल मिल रहा है । काशी का अस्सी में हिन्दी भाषा एक नए समाजबोध को प्रस्तुत करते हुए भाषा को उसकी पूरी जीवन्तता और शक्ति के साथ उपन्यास के फलक पर उभारने में काशीनाथ सिंह को सफलता मिली है ।इसमें जीवन की जीवन्तता भी है, ठेठ देशज ठसक भी है ,बदलते राजनीतिक परिवेश पर व्यंग्य भी है और लोक-भाषा और लोक में प्रचलित गीतों के गहरी संवेदना के साथ-साथ लोक का उन्मुक्त व्यव्हार भी देखने को मिलता है ।

सन्दर्भ –

1. काशी का अस्सी:काशीनाथ सिंह,राजकमल प्रकाशन ,नई दिल्ली ,2021देख तमाशा लकड़ी का ,पृष्ठ -11

2. काशी का अस्सी :काशीनाथ सिंह ,राजकमल प्रकाशन ,नई दिल्ली ,2021संतों घर में झगरा भारी ,पृष्ठ -34-35

3. काशी का अस्सी :काशीनाथ सिंह ,राजकमल प्रकाशन ,नई दिल्ली ,2021संतों घर में झगरा भारी ,पृष्ठ- 35

4. काशी का अस्सी :काशीनाथ सिंह ,राजकमल प्रकाशन ,नई दिल्ली ,2021संतों घर में झगरा भारी ,पृष्ठ -40-41

5. काशी का अस्सी :काशीनाथ सिंह ,राजकमल प्रकाशन ,नई दिल्ली ,2021संतों घर में झगरा भारी ,पृष्ठ -41

6. हिंदी उपन्यास का इतिहास :गोपाल राय ,राजकमल प्रकाशन ,नई दिल्ली ,2002 पृष्ठ -466,

7. काशी का अस्सी:काशीनाथ सिंह,राजकमल प्रकाशन ,नई दिल्ली ,2021संतों घर में झगरा भारी ,पृष्ठ -67

काशी का अस्सी:काशीनाथ सिंह,राजकमल प्रकाशन ,नई दिल्ली,2021कौन ठगवा नगरिया लूटल हो ,पृष्ठ-134

परिशिष्ट

1. *त्यागपत्र* - जैनेन्द्र कुमार

2. हिन्दी साहित्य एवं संवेदना का विकासः रामस्वरूप चतुर्वेदी

3. हिन्दी उपन्यास का इतिहासः गोपाल राय

4. आधुनिक हिन्दी साहित्य का इतिहासः बच्चन सिंह

5. हिन्दी गद्य विन्यास और विकासः रामस्वरूप चतुर्वेदी

6. शेखर : एक जीवनी भाग- एक : अज्ञेय, सरस्वती प्रेस, बनारस

7. शेखर : एक जीवनी भाग -दो : अज्ञेय, सरस्वती प्रेस, बनारस

8. उपन्यास का पुनर्जन्मः परमानन्द श्रीवास्तव, वाणी प्रकाशन

9 . हिन्दी उपन्यास का विकासः मधुरेश, सुमित प्रकाशन

10. समाजिक यथार्थ और कथा भाषाः सं0- अज्ञेय

11. मैला आँचल, पुर्नपाठ/पुनर्मूल्यांकन : परमानन्द श्रीवास्तव

12. बाणभट्ट की आत्म कथा :हजारी प्रसाद द्विवेदी

13. रागदरबारी : श्री लाल शुक्ल

14. आधा गाँव :राही मासूम रजा

15. कसप :मनोहर श्याम जोशी

1. काशी का अस्सी :काशी नाथ सिंह